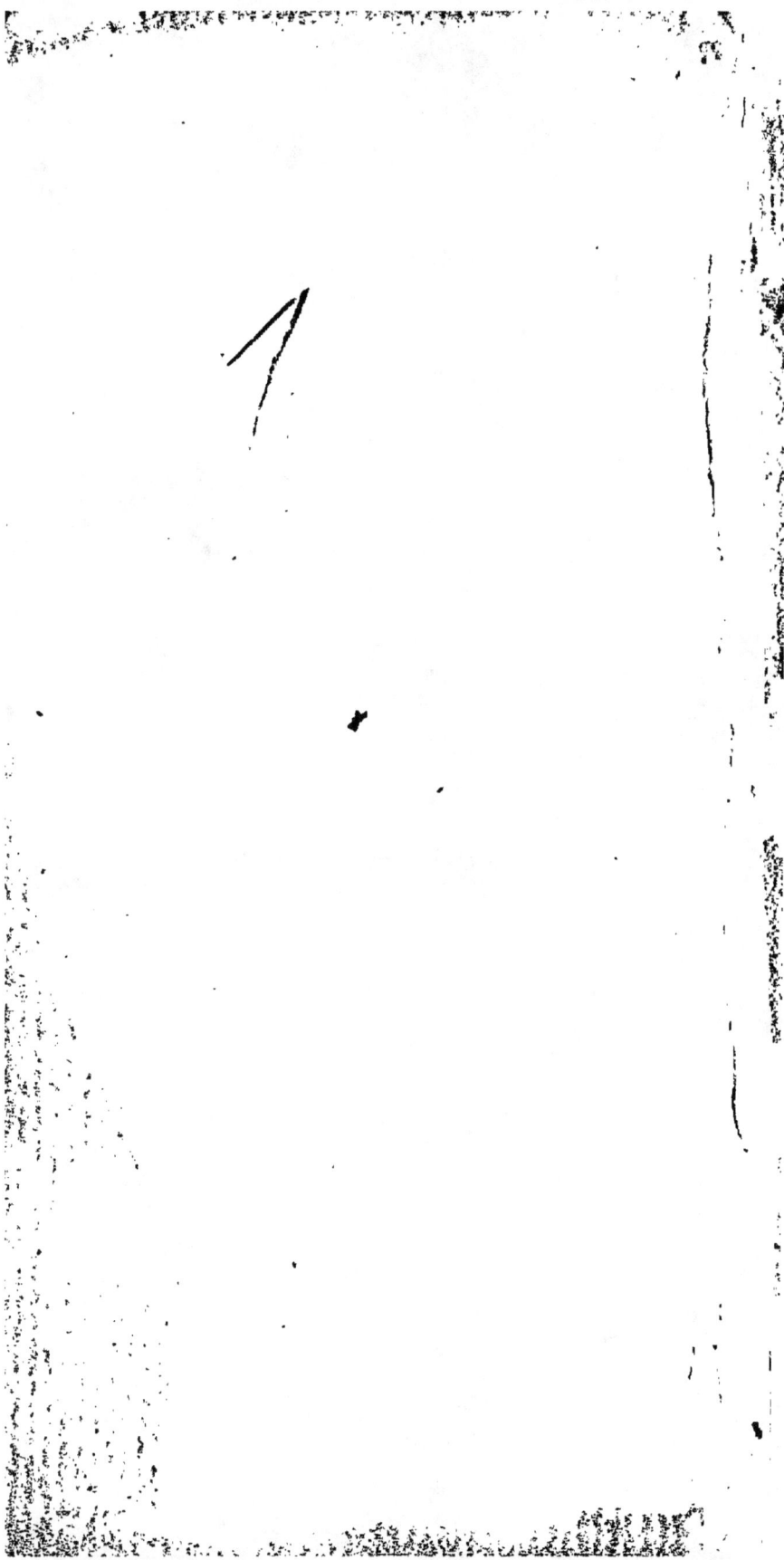

COUTUMES
GÉNÉRALES
DU DUCHÉ
DE LORRAINE,

Pour les Bailliages de Nancy,
Vosges & Allemagne.

NOUVELLE ÉDITION,

Imprimée sur celle de Jacob
Garnich de l'an 1614.
Et augmentée de nouvelles disposi-
tions survenues depuis.

A NANCY,
Chez J. & F. BABIN, Libraires, rue
Saint George Nº. 252.

M. DCC. LXX.
AVEC PRIVILÉGE.

Le Privilége ſe trouve au commencement de l'Ordonnance de Lorraine.

COUTUMES GÉNÉRALES DU DUCHÉ DE LORRAINE,

Pour les Bailliages de Nancy, Vosge & Allemagne.

TITRE PREMIER.

DES DROITS, ETAT ET CONDITION des Personnes.

ARTICLE PREMIER.

AU Duché de Lorraine il y a Clercs & Laïcs.

II.

Entre les Clercs, aucuns sont mariez, aucuns non. Les mariez jouissent de leurs priviléges, si longuement qu'ils portent la tonsure, & l'habit clérical, & servant à une Eglise, Hôpital, ou Seminaire; & à faute de ce, ils les perdent.

III.

Les non-mariez, portant la tonsure & l'habit clérical, en jouissent aussi. Si toutefois ils défaillent à l'un ou à l'au-

A ij

tré, & préadmonestez de l'Evêque, ils demeurent contumaces, ils en sont privables.   I V.

Entre les Laïcs, il y en a de trois sortes : Gentils-hommes , Annoblis & Roturiers.   V

Des Gentils-hommes , les uns sont de l'ancienne Chevalerie du Duché de Lorraine , & les autres non. Ceux de l'ancienne Chevalerie jugent souverainement , sans plainte, appel ni revision de Procès , avec les Fiefvez leurs Pairs, de toutes Causes qui s'intentent aux Assises du Bailliage de Nancy ; comme aussi des Appellations qui y ressortissent de celles des Bailliages de Vôge & d'Allemagne ; ensemble de toutes autres qui s'interjettent du Change & Siéges subalternes, à l'Hôtel de Monseigneur le Duc : Jugeant aussi souverairement , & en dernier ressort, ès surs Assises du Bailliage de Vosges , & faits possessoires au Bailliage d'Allemagne.   V I.

Les Annoblis sont privables des prérogatives de Noblesse , s'ils ne vivent noblement.   V I I.

Entre les Roturiers, il y en a quelquesuns des francs , les uns de priviléges & immunitez immémoriales ; autres par leurs Etats & Offices ; & les autres à cause des lieux de leurs demeurances.

V I I I.

Les non francs demeurent sujets &
attenus envers leurs Seigneurs, aux
charges, prestations & servitudes accoutumées, tant réelles que personnelles, selon l'ancienne condition de leurs
personnes, nature & qualité des Biens
par eux tenus & possedez, lieux de leur
naissance au demeurance.

I X.

Tous sont jurisdiciables, ès actions
civiles & personnelles, devant leur Justice domiciliaire.

X.

Généralement, le Fruit suit la condition du Pere, bien qu'entre Gentils-
hommes, le Fruit soit habileté de la
condition de sa Mere, à prendre &
avoir siége aux Assises, si elle ne s'est
mes-alliée.

X I.

Aussi suivent les Femmes mariées (de
quelle qualité elles soient) les conditions, priviléges, immunitez & servitudes de leurs Maris, pendant leur mariage, & durant leur viduité.

X I I.

Les Bâtards avouez des Gentils-hommes, seront de la condition des Annoblis, pourvû qu'ils suivent l'état de Noblesse; & porteront tel nom & titre que
le Pere leur voudra donner: mais ils
barreront leurs surnoms en leurs signa-

tures, & porteront les Armes de leurs
Peres, barrées de barres traverſantes
entierement l'écuſſon de gauche à droi-
te ; & ne leur ſera loiſible, ni à leurs
deſcendans, d'ôter les barres.

XIII.

Les Bâtards des gens Annoblis prendront la condition des Roturiers.

XIV.

Deſdites perſonnes, les unes ſont en
leur puiſſance, les autres ſous celle
d'autrui.   XV.

Celles qui ſont en leur puiſſance, ſont
les Peres, les Femmes veuves, les Fils
mariez, ſoient mineurs ou majeurs de
vingt ans, & autres étant en âge de
vingt ans complets.

XVI.

Les Femmes mariées ſont en la puiſſance de leurs maris ; les Enfans de famille en celle de leurs Peres ; & les mineurs, ou autres réputez tels, en la tutelle de leurs Gardiens, Tuteurs ou Curateurs.   XVII.

Ceux qui mariez ou majeurs, ſont
néanmoins réputez mineurs, ſont les
Furieux, ou autrement alterez de leurs
eſprits ; & les Prodigues, auſquels,
pour leur prodigalité, a été interdite
l'adminiſtration de leurs biens, ainſi
que faire ſe peut à la requête des parens,
ou autrement, à connoiſſance de cauſe
légitime.

XVIII.

Enfans de famille ne doivent, fans le gré, vouloir & confentement de leurs Peres & Meres, contracter Mariage : autrement peuvent pour cette ingratitude être exhérédez ; même demeurent incapables de tous profits, avantages, & donations à caufe de nôces, & autrement que par les Contrats de tels mariages, ou par la Coutume, leur pourroient appartenir. Et ceux qui font trouvez avoir été premiers auteurs & pratiqueurs de tels mariages, ou y avoir affifté fciemment, contre l'intention defdits Peres & Meres, entre Gentils-hommes, font puniffables corporellement ; entre Annoblis & Roturiers, font envers leurs Seigneurs Hauts-Jufticiers amendables d'une amende arbitraire, à la concurrence du tiers de leur bien.

XIX.

Si toutefois lefdits Fils & Filles, âgez de vingt ans complets, ont requis le confentement & avis de leurfdits Peres & Meres, & leur étant icelui dénié, paffent outre à contracter Mariage ; ils font, eux, & ceux qui leur auront en ce adhéré, exempts d'encourir lefdites peines. De même, s'il avient que les Meres paffent en fecondes Nôces, fuffit de leur avoir demandé avis & confeil, fans néceffité d'attendre leur confentement. A iiij

X X.

Les enfans mineurs, & qui font fous
la tutelle d'autrui, ne peuvent auffi avant
l'âge de vingt ans contracter Mariage,
fans l'exprès confentement de leurs
Tuteurs, ou de leurs Parents bien proches, au nombre de trois ou quatre :
autrement ils, & ceux qui les auront à
ce induits & affiftez, feront puniffables
de châtoy corporel entre Gentils-hommes ; & entre Annoblis & Roturiers,
de peine arbitraire.

X X I.

Femme mariée ne peut difpofer de fes
Biens, foit par contrat entre-vifs, ou
Ordonnance de derniere volonté ; ni
efter en Jugement, contracter ou s'obliger valablement, fans l'autorifation de
fon Mary, fi elle n'exerce Marchandife
publique, au vû & fçû d'icelui, & pour
le fait de ladite Marchandife feulement ;
auquel cas peut être convenuë & défen-
duë, fans intervention de fon Mary ;
& néanmoins le Jugement rendu contre elle, fera exécutoire fur les biens
de leur Communauté ; & au défaut d'i-
ceux, fur fes biens propres ; voire par
fuplément & fubfidiairement, fur ceux
de fon Mary.   X X I I.

Et généralement entre Gentils-hommes, Annoblis & Roturiers, ne peut le
Mary autorifer fa Femme de contracter,

ou autrement difpofer, pour l'avantager directement ou indirectement.

XXIII.

Peut toutefois pourfuivre & défendre en Jugement & dehors, les droits, noms & actions de fa Femme fans fa procuration.

XXIV.

Es matieres civiles d'injures verbales ou réelles, communément dites de Délits, les Peres & Maris appellez en Jugement au nom de leurs Fils ou Femmes, les defavouans, ne peuvent être, eux vivans, exécutez en leurs biens pour fatisfaction de l'adjugé; ains fe doivent prendre les amendes & intérêts fur les biens propres des Condamnez aufdites injures & excès (fi aucuns en ont) finon pour ce qui touche la Femme, fur les biens de la Communauté : Mais auffi ne court aucune prefcription contre celui qui aura obtenu, finon après le décès des Peres. Et au cas de tels defaveus, peuvent les Fils de Famille, & Femmes étres pourfuivies fans l'autorité de leurs Maris : De même ès criminelles.

TITRE II.

DE COMMUNAUTE' DE BIENS

entre Gens mariez, & leurs Enfans.

ARTICLE PREMIER.

ENtre Gens mariez, les Meubles, & chofes réputées Meubles, demeu-

rent au survivant, à la charge des dettes
personnelles, contractées tant auparavant que pendant le mariage, des frais
funeraux, legs, & donations testamentaires, non assignées sur immeubles, si
donc il n'y a Contrat de Mariage, par
lequel soit traité au contraire : auquel
cas le Survivant & les héritiers du pré-
mourant, payent lesdites dettes & charges, chacun pour telles cottes & à proportion de ce qu'ils doivent emporter.

Cet Article est interprété par Ordonnance
de S. A. en datte du dernier mars 1599. à la
postulation des Etats convoquez à Nancy le
15 dud. mois; laquelle Ordonnance se pour-
ra voir à la fin du cahier des présentes Cou-
tumes, & par icelle est dit : Qu'il n'a été
entendu par led. Art. pouvoir ni devoir
être préjudicié à ceux, qui contre l'attribution des Meubles au Survivant des
deux Conjoints, sont fondez en droit
contraire de main morte, ou autre telle
semblable servitude sur aucuns de leurs
Sujets.   I I.

Peut aussi Communauté desdits Meubles être accordée par Contrat de mariage; & en ce cas, sont lesdites dettes
& charges sus exprimées, communes
au Survivant, & aux Héritiers du premier mourant.   I I I.

Mais est loisible à la Femme de renoncer ausdits droits, & par ce moyen se

décharger des dettes & charges perſonnelles ; en faiſant telle renonciation par
jet de clefs ſur la foſſe, par elle-même,
ou Procureur de ſa part ſpécialement
fondé, dedans quarante jours, après
qu'elle aura été avertie du décès de ſon
Mary, ſi elle eſt Gentil-femme ou An-
noblie ; ſi Roturiere, au jour de l'En-
terrement, ſi elle eſt préſente, ſinon dedans vingt jours après qu'elle en aura
eû connoiſſance ; pourvû que les unes
& les autres, auparavant ni depuis le
tems de leur ſcience, ne ſe ſoient aucunement entremiſes à lad. Communauté,
par priſe, diſtraction, recélement deſd.
Meubles, ou autrement, dont elles ſe
purgeront par ſerment, ſi l'héritier ne
veut faire preuve du contraire. Et au
cas de lad. Renonciation, leur demeu-
rera ſeulement pour toutes choſes, l'ha-
billement ordinaire, ſans aucunes Ba-
gues, Joyaux, ni Orfévreries d'Or ou
d'Argent.   I V.

Et ne ſeront les Femmes, pour telle
Renonciation, excluës des Meubles
ſeulement, mais auſſi des Acquêts &
Conquêts faits conſtant leurs Mariages; leur demeurant néanmoins le Douaire ſauf, ſoit Préfix ou Coutumier.
          V.
Ne leur ſera toutefois de néceſſité,
avant ledit tems, vuider de la Maiſon

mortuaire, ni imputé à Acte d'Héritie-
re ou Successeresse, d'avoir usé des pro-
visions y délaissées pour leur vivre, &
de la Famille, sauf qu'avenant lad. Renonciation, ce qu'elles en auront pris,
leur sera prise, & elles tenuës à en rendre le prix de l'estimation, dont elles
devront, comme du surplus, se purger
par serment.   V I.

Gens mariez entrent dès la solemnisation du Mariage, en communauté
d'Acquêts & Conquêts Immeubles,
qu'ils font constant iceluy, soit que les
Femmes soient dénommées aux Contrats d'iceux, ou non.

Cet Art. est interpreté par Ordonn. vii. de
S. A. en datte du 16 Sept. 1694 à la postu-
lation des Etats; laquelle Ord. se pourra
voir à la fin du Cahier des présentes Cou-
tumes, où il est dit: Que comme on
tient au Bailliage d'Allemagne, de coutume ancienne, les Femmes n'avoir été
participantes d'Acquêts, si elles n'é-
toient dénommées ès Contrats d'iceux;
ainsi s'il en y sourdoit difficulté entre
Parties, elles ne sont par ce obligées à
ladite Coutume, selon qu'elle est écrite audit Cahier; ains à ce qu'en ce fait
elles prouveront avoir été pratiqué ci-
devant: Et d'abondant, qu'en tous les
Bailliages, lad. Communauté ne pourra
avoir lieu ès Acquêts faits par le Ma-

ry de Succeſſion immeubiliaire, qui pouvoit lui avenir par hoirie & ſucceſ-ſion *ab inteſtat* (lors principalement que le prix ne répondroit à la valeur des cho-ſes acquêtées,) n'étoit donc que la Fem-me fut expreſſément dénommée au Contrat : ſauf que ſi ledit Mary avoit aliéné du bien propre de la Femme, pour ſatisfaire à l'acquiſition ; en ce cas les biens d'icelle, ou partie, lui demeu-reront obligez, à la concurrence & à proportion deſdits deniers, juſqu'à la reſtitution d'iceux.

VII.

Et ſoit que pour les Meubles y ait Communauté accordé, telle qu'elle eſt ès Acquêts, ou non ; ſi eſt-ce que des uns & des autres indifféremment, le Mary eſt, conſtant le Mariage, maître & ſeigneur, & en a la libre diſpoſition, ſans le conſentement de ſa Femme, ſoit par Contrat entre-vifs, ou Ordonnan-ce de volonté derniere.

VIII.

Le Mary a l'adminiſtration des biens de ſa Femme, de quelque côté ils lui ſoient obvenus, & en fait les fruits ſiens, mais ne les peut échanger, par-tager, hypotéquer, vendre, charger, ou autrement aliéner, qu'avec libre conſentement d'icelle, de lui pour ce duëment autoriſée.

IX.

Où il y a Communauté defd. Meubles
& acquêts, le furvivant doit faire inventaire incontinent après le décès, s'il y a
enfans mineurs : autrement leur eft loifible de demander Communauté defdits
Biens meubles & Acquêts, jufqu'au
tems que led. Inventaire aura été duëment fait, foit que led. Survivant paffe à autres nôces, ou non. Et fi ladite
Communauté fe trouvoit de moindre
faculté qu'elle n'étoit au tems dud. décès, eft en la liberté defd. Mineurs de
répéter lefd. Meubles, felon leur valuë
& eftimation au tems de lad. Communauté diffoute, & non telle qu'elle pourra être au tems de ladite répétition, fi
elle fe trouve diminuée.

X.

Si le Mary vend ou conftituë, pendant le Mariage, quelque rente fur
tous fes Biens & Héritages, après fon
décès la Femme Meubliairefle en demeure pour le tout obligé, foit qu'elle
y ait confenti ou non : Et s'il y a Communauté de Meubles, de la moitié contre les Héritiers du Trépaffé pour l'autre. Si elle eft fpécialement conftituée
fur aucuns Héritages dudit Mary, fes
Héritiers en font tenus, & en demeure
la Femme déchargée, fauf qu'elle doit
les arrérages échus au jour du décès d'i-

celui, selon qu'elle emporte lesdits Meubles. XI.

De même, si elle a été constituée sur Biens propres de la femme par son consentement, le Mary est tenu des arrérages échus au jour du décès d'icelle, en tout, ou pour la moitié, selon qu'il prend des Meubles ; & les Héritiers succédans à l'Héritage affecté, du sort & des rentes à échoir. Si c'est sur Acquêts, le Mobiliaire doit seul acquiter les arrérages échus ; & de là demeure cette charge commune à lui & aux Héritiers du défunt, tant au sort qu'en la rente ; & ne peut l'Acheteur de telle rente, se prendre à la généralité des biens, sinon après la discution de la chose spécialement hypotéquée, faute de pouvoir sur icelle recouvrer ce qui lui est dû. XII.

Au tems du décès de l'un ou de l'autre des Conjoints, les Fruits ensemencez ès héritages propres du Décédé, ou ès Acquêts de la Communauté, pendans encore par la racine, appartiennent aux héritiers de celui à qui appartenoient lesdits héritages. S'ils sont séparez du fond, ils sont ameublis, & appartiennent aux Successeurs Mobiliaires. XIII.

Deniers donnez à Filles de Gentilshommes, en Mariage, sont réputez fonds & patrimoine à la femme, sujets à retour, ou emploi en héritages à son profit. Entre Annoblis & Roturiers, tels deniers sont censez meubles, demeurant au survivant, s'il n'y a Traité de mariage au contraire.

X I V.

Si pour l'assurance de tels deniers ou Douaire, ou autres avantages faits à la femme par son Traité de mariage, un tiers a fait donation des biens, sur lesquels soient ces choses assignées, ou se soit autrement obligé; & depuis par quittance, ou autre fait du Mary, led. tiers se trouve déchargé de telles Fidéjussions, Promesses ou Donations; telles décharges sont nulles pour l'égard de ce qui touche l'intérêt de la Femme, en l'assurance ou assignal de sa Dot, & autres tels avantages & donations à cause de Nôces. X V.

Si le Mary, ou la Femme, durant & constant leur mariage, font quelques bâtimens, édifices ou réparations sur le fond de l'un ou de l'autre, le tout cede & demeure à celui d'eux auquel appartenoit le fond bâti ou réparé, soit de patrimoine ou d'acquêt, fait auparavant la solemnisation du mariage.

X V I.

Les deniers clairs provenants du bien de l'un ou l'autre des Conjoints, vendu pendant

pendant leur mariage, & jà reçus, font cenſez Meubles & Propres au Survivant ; & n'eſt tenu le Mary employer en Acquêts les deniers venus de la vente du fond du patrimoine de ſa Femme : Ains s'il en a fait quelque acquiſition, ou même des deniers de la vendition de ſon propre & naiſſant, tels Acquêts leur ſont communs, & à leurs héritiers mobiliaires.   X V I I.

Si de Bois de haute futaye, Taillis, ou autres revenus des biens du Mary, vendus à un coup pour pluſieurs années, & dont la coupe & la levée échet ſucceſſivement, à divers tems, les deniers ont été payez du vivant du Mary, encore qu'ils ſoient en bourſe, non dépenſez, ſi appartiennent ils à l'héritier ou au ſucceſſeur mobiliaire. S'ils ſont attermoyez & ils ſont dûs de coupes & levées jà faites du vivant du Mary, ils appartiennent, comme deſſus, à l'héritier immobiliaire. Ou ſi de coupes & levées à venir, & non encore faites, les deniers doivent être payez à celui ou ceux auſquels les biens dont les coupes ou levées ſont à écheoir, appartiennent en propriété, Douaire, ou Uſufruit.

X V I I I.

Si telle vendition ſe trouve faite ſur les Biens de la Femme, avec ſon conſentement, les Deniers en provenans

B.

doivent être réglez comme deſſus. Si ſans ſon conſentement , & lors de la diſ-ſolution du mariage , ſont dûs quelques deniers par les Acheteurs , le tout lui appartient ; & ne tiendra telle vendi-tion pour les années à écheoir , ſi bon ne lui ſemble.   X I X.

Tout ce que deſſus eſt entendu au cas qu'il n'y ait convenance en Traité de mariage , faiſant au contraire. Que ſi aucune s'en trouve , doit être générale-ment ſuivie , ſelon l'accord & traité des Parties en icelui , nonobſtant toutes Coutumes contraires.

COUTUMES NOUVELLES
du même Titre.

ENTRE GENS MARIEZ.

ARTICLE PREMIER.

SI de Biens Propres à l'un de deux Conjoints , vendus conſtant le Ma-riage , le prix en tout ou partie eſt dû au tems de la diſſolution dud. Mariage ; ce qui en eſt ainſi dû , & ſe trouvera n'avoir encore été payé , eſt cenſé de même nature que la choſe venduë , & doit appartenir aux héritiers immobi-liaires de celui à qui elle étoit Propre.

TITRE III.
DES DOUAIRES.

ARTICLE PREMIER.

IL y a deux especes de Douaire : l'un Coutumier, l'autre Préfix.

II.

Le Coutumier est tel, que la Femme survivant le Mary, a & emporte pour Douaire la moitié du bien propre d'icelui, & duquel elle est saisie aussi-tôt que l'ouverture en est faite : tellement que si elle y est troublée par les héritiers du Mary, ou autres, elle peut en intenter complainte de nouvelleté : Et ores qu'au traité de leur mariage n'en seroit fait mention, si ne laisse-t'elle pour ce d'ainsi l'avoir & en jouir.

III.

Le Préfix est celui qui a été convenu & limité à la femme par le traité de mariage, duquel la veuve n'est saisie comme du Coutumier, mais advenant qu'elle y soit empêchée, peut agir du contrat, à ce que les héritiers de son Mary ayent à le lui délivrer, & l'en faire jouir selon qu'il lui a été assigné. Et si le Procès a apparence de prendre trait, lui doit être cependant sur ce dont elle fait instance, (vû le Traité) provision adjugée, à l'arbitrage du Juge.

I V.

Et encore que douaire préfix soit assigné à la femme par traité, sans réserve
précise de pouvoir opter le Coutumier,
si ne laisse t'elle pour ce d'en avoir le
choix & option ; pourvû toutefois, entre Gentils-hommes & Annoblis, qu'a-
près avoir eu certitude du décès de son
Mary par quelqu'un des héritiers, ou
autrement elle en fasse déclaration dans
quarante jours ausd. héritiers, ou à son
Juge domiciliaire ; & entre Roturiers
dans vingt jours : à faute de ce, est obli-
gée s'arrêter au préfix.

V.

La Femme ayant par son traité de mariage, douaire préfix & limité, ne peut
le Mary au préjudice d'icelui, changer,
vendre, obliger ni hypotéquer valablement les héritages y affectez, que l'u-
sufruit ne demeure toujours sauf à la
Douairiere ; si donc il ne lui assigne
Douaire en un autre lieu, & tant qu'il
sera possible, égal au limité, en value
& commodité, à l'arbitrage de deux
des parens de la femme, tels qu'elle les
optera & appellera.

V I.

La femme qui a Douaire, est en tous
cas tenuë d'entretenir les édifices & héritages qu'elle tient en Douaire, de réfections, & tous autres entreténements.

néceſſaires , ſauf le Vilain fondoir. & groſſes réparations: A l'effet de quoy doivent les Propriétaires , interpellez de la Douairiere, faire incontinent viſiter à frais communs leſdits édifices & héritages par là Juſtice , à ce de connoître l'état d'iceux , à la conſervation de leurs droits ; & pour enſemblable qu'ils feront trouvez ou mis par les Proprié- taires , être par la Douairiere entrete- nus , & rendus par ſes héritiers , après la conſolidation. de l'uſufruit à la Pro- priété , s'il n'y a été ſatisfait de ſon vi- vant.

VII.

Et pour à ce ſatisfaire plus commodé- ment , la douairiere peut (led. Proprié- taire appellé , ou là Juſtice à ſon défaut & abſence) prendre bois de Maronage ès Bois du lieu , ou de la Seigneurie où elle eſt douairée , autant qu'il en ſera beſoin pour leſdites réparations , non au- trement , ni à autre uſage.

VIII.

Quand ès lieux & terres où la femme jouit du douaire Coutumier , ſont Bois, deſtinez à coupe & vente ordinaire , la douairiere a la moitié du profit des ven- tes deſd. Bois, ſelon qu'elles ont été de- ſtinées & accoutumées auparavant ledit Douaire échu. Mais ſi aucunes ventes. ne s'en trouvent avoir été accoutumées , elle n'en doit jouir , ſinon y prendre

& avoir pour son chauffage, bois-mort
& mort-bois, & autres nécessaires à
subvenir aux charges & réparations,
selon qu'il a été dit ci-devant, & du
tout user en bonne Mere de famille.

I X.

Si de bois de haute futaye la douairiere a douaire sur les glands ou fruits venans d'iceux bois ; le Propriétaire ne laissera de pouvoir vendre desd. bois ; mais
il sera tenu de réassigner rente convenable, pareille à celle que pouvoit recevoir
la douairiere.   X.

Est aussi la douairiere tenuë, le tems
de son douaire durant, acquitter les rentes, cens, & autres charges foncieres,
duës à cause des héritages par elle tenus
à ce titre. Si par sa négligence, & à faute d'entreténement, ils sont vus se préparer à ruine, ou autrement se détério-
rer, peuvent les Propriétaires la faire
sommer par Justice, de satisfaire sans
plus longue demeure, aux reparations
nécessaires dont elle est attenue, pour
obvier à telles ruines & détériorations ;
à quoi elle sera tenuë de satisfaire, à peine d'être les fruits & levées, saisis sous
la main de Justice, jusqu'au paracheve-
ment desd. réparations, & dédomage-
ment desdits Propriétaires.

X I.

La Douairiere peut vendre & ceder

le droit de son douaire à qui bon lui semble, sans toutefois pouvoir empêcher le Propriétaire de venir à la retraite; & à charge & condition aux Acheteurs d'entretenir les héritages, comme Douairieres sont attenues.

XII.

Es lieux où les Maris ont accoutumé de prendre & avoir Douaire sur les biens de leurs femmes, sont à cet égard tenus à pareils entretenemens, charges & conditions que les Femmes.

XIII.

Advenant que la Femme mariée absente la compagnie de son Mary sans cause, pour suivre un autre, ou qu'elle en soit retirée par adultere, & que depuis elle ne se soit retirée ni reconciliée à lui, elle est de ces faits privable de son Douaire.

XIV.

Le Mary chassant sa Femme pour retenir une Concubine, se rend privable de son Douaire.

XV.

Pour le méfait du Mary, ne perd la Femme sa part des Acquêts faits constant leur Mariage, ni son Douaire; lequel éteint, retourne au Seigneur, auquel la confiscation en appartient.

XVI.

Pour les méfaits de la Femme, ne

perd le Mary fon Douaire, aux mêmes
conditions que deffus; ni les Meubles
& Acquêts, defquels il eft toujours fei-
gneur & maître pendant qu'il eft vivant.

X. V I I.

Mais s'il meurt fans en avoir difpofé,
la part des Meubles & Acquêts qui fe-
roient affectez aux Héritiers de la Femme, retourneroient au Seigneur, à qui
eft due la confifcation.

◦§◦ ◦§◦ ◦§◦ ◦§◦

TITRE IV.

DES GARDE-NOBLES, TUTELLES,
Curatelles, & Emancipations.

ARTICLE PREMIER.

ENtre Gentils-hommes & Annoblis,
la Garde-Noble; & entre-Roturiers,
la Tutelle de leurs Enfans Mineurs,
appartient légitimement aux Peres &
Meres, & à leur défaut, aux Ayeuls ou
Ayeules, & autres Afcendans, s'il n'y
a caufe légitime y empêchante. Et tant
& fi longuement que les Peres & Meres en demeurent Gardiens-nobles, ils
font les fruits leurs, & des biens qui jà
font obvenus aufdits Mineurs, & de
ceux qui leur pourront advenir, le
temps de leur minorité durant, fans
être obligez d'en rendre compte: A la
charge toutefois de l'entretenement,
                                    bonne

bonne nourriture & élevement, tant
des perfonnes de leurfdits enfans, felon
leur état & condition, que confervation
de leurs biens, acquit & décharge des
cens & redevances annuelles, dont les
Héritages peuvent être chargez, & de
la pourfuite de leurs caufes & actions,
fans aucuns dépens aux Mineurs.

Cet Article eft interpreté par Ordonnan-
ce de S. A. en datte du 16 Septembre 1594.
à la poftulation des Etats; laquelle Ord.
fe pourra voir à la fin du Cahier des pré-
fentes Coûtumes, à l'égard de ce qui tou-
che la Garde-noble des Enfans aux Peres
& Meres qui feront les fruits leurs, tant
que de ce qu'obvenu feroit aufd. Mineurs,
que de ce qu'obvenir leur pourroit, le temps
de leur minorité durante; où il eft dit:
Que cela s'entend de ce qui leur advien-
dra *ab inteftat:* car advenant que celui
de qui le bien proviendra, ait, par Teftament, ou autre Ordonnance, nommé
un autre que le Pere ou la Mere, pour
gouverner le bien qui doit écheoir aux
Mineurs, & à leur profit rendre compte des fruits, levées & apports d'iceux
pardevant le Juge qu'il ordonnera; fa
volonté en ce foit fuivie.

I I.

Toutefois s'il y a Communauté de
Meubles, contractée entre les Peres &
Meres defdits Enfans; le furvivant, ou

C

lefdits Afcendans entrans à la Garde-
noble ou Tutelle d'iceux, font tenus
faire de la part defdits Mineurs fidele
Inventaire, & folemnel. Le même indiftinctement de ceux qui pendant lefdites Gardes ou Tutelles leur peuvent
advenir d'ailleurs en ligne directe ou
collaterale; & d'iceux, & du profit qu'ils
en auront fait, rendre bon & fidele
compte, lefdites Gardes & Tutelles
finies.

I I I.

Et font icelles continuées aux Peres
ou Ayeuls, jufques à la majorité defdits
Enfans, ores qu'ils fe remarient ; & aux
Meres ou Ayeules, tant & fi longuement qu'elles demeurent en viduité.

I V.

Finies ou défaillantes lefquelles Gar-
de-nobles, Tutelles légitimes ou tefta-
mentaires, entre Gentilshommes, on
doit choifir un ou deux Tuteurs en Af-
femblée de Parens, en Affifes ou hors
Affifes ; & l'élection faite, les Tuteurs
ainfi élûs & choifis, doivent être confirmez par SON ALTESSE ; & après la
confirmation, faire dreffer au plutôt
& düëment Inventaire des biens defdits Mineurs, pour ladite Tutelle expirée, ou s'il échet, pendant icelle, en remontrer, avec le furplus de leur adminiftration, Compte entier & complet.

V.

Pour Annoblis, advenant le cas desdites Tutelles, est de l'Office des Procureurs Généraux d'y pourvoir; & à ces fins, les Parens des Mineurs appellez, & ouïs en leur avis, instituer tel d'entr'eux, qu'ils connoissent à ce plus propre & capable.

V I.

Entre Roturiers, est aussi ausdits Procureurs d'y pourvoir, pour les Mineurs des Sujets de SON ALTESSE, en ses hautes Justices; & aux Procureurs d'Office, en celles des Ecclésiastiques & Vassaux; les Parens desdits Mineurs par-tout préalablement appellez & ouïs.

V I I.

Généralement tous Tuteurs, sans exception de personne, sont tenus de prêter serment de bien & fidelement régir & administrer les Biens de leurs Mineurs, & faire les submissions d'en rendre compte en tel cas requises. Et les Testamentaires d'abondant, de faire paroître par ostention de l'Article du Testament, où ils sont dénommez Tuteurs, ou autrement, que tels ils sont élûs & choisis par les Défunts.

V I I I.

Tous ceux généralement qui d'autorité privée s'entremettent & ingérent à l'administration des Biens des

Pupilles, font mulctables d'amende arbitraire, & obligez d'en rendre compte très-exact & fidele ; leurs Biens, dès le tems de cette entremife, demeurans affectez à la fatisfaction ; & à faute de moyens, fujet à châtoy corporel à l'arbitrage du Juge.

IX.

Tutelles données par Teftament du Pere ou de la Mere, mourant en veuvage, font préférables à toutes autres ; toutefois toutes fujettes à confirmation, & autres charges ci-deffus déclarées ès 4e & 7e Articles.

X.

Tous Tuteurs qui font inftituez, réfidens hors le Pays de Lorraine, font obligez de bailler dedans le Pays Caution folvable de l'adminiftration & reddition des Comptes de leur Tutelle, & pour la fatisfaction de ce de quoi ils feront trouvez redevables par iceux.

XI.

Tuteurs donnez à Mineurs, font auffi Curateurs, ayans l'adminiftration des perfonnes & biens de leurs Mineurs jufques à la Majorité. Curateurs proprement font appellez ceux qui pour caufe extraordinaire, font donnez aux Emancipez, à Majeurs, Furieux, Idiots ou Prodigues ; aufquels par connoiffance de caufe, eft interdite l'administration de leurs·Biens, & autres de qualité semblable; & sont lesdits Curateurs ordonnez ainsi & en la forme qui a été dite des Tuteurs.

XII.

Mineurs, fils ou filles, parvenus en âge de vingt ans complets (ou mariez, ores qu'au dessous) sont tenus pour Majeurs, pouvant légitimement contracter sans intervention de leurs Tuteurs. Les Emancipez & Majeurs mis en curatelle, sont censez hors d'icelle, lorsque l'acte ou la cause pour laquelle ils ont été émancipez, ou mis en curatelle, a pris sa fin.

XIII.

Mineurs, avant leur Majorité, ne peuvent valablement ester en Jugement sans intervention de leurs Tuteurs; eux, ni lesdits Tuteurs, ou Curateurs aux Majeurs ou Emancipez, contracter par aliénation de Biens de leurs Mineurs, Echanges, Obligations, ou autres especes de Contracts, d'où leur condition puisse être faite moindre, sans l'autorisation & consentement des Procureurs Generaux, entre Gentils-hommes & Annoblis; & pour les Roturiers, en ce qui est des hautes Justices de SON ALTESSE, en leurs Offices; & des Procureurs d'Office, ou autres Officiers à ce établis des Prélats

C iij

& Vaſſaux, Hauts Juſticiers en leurs hautes Juſtices ; ouï ſur ce l'avis, & ayans l'aſſiſtance d'aucuns des Parens des Mineurs : Et ſont tous Contracts faits autrement par leſdits Mineurs, ou autres perſonnes étant ſous puiſſance d'autrui, leurs Tuteurs, Gardiens ou Curateurs, du tout nuls, & de nul effet & valeur, ſans aucune obligation aux Mineurs de la reſtitution des deniers par eux reçus ; ſinon en tant qu'il ſoit vérifié iceux avoir été convertis & employez à leur profit.

XIV.

Le Pere peut pour cauſe émanciper ſon Enfant, préſent ou abſent, en quel âge de Minorité il ſoit ; & ſont leſdites Emancipations, & Connoiſſance de cauſe, de l'Office & Charge deſdits Procureurs Généraux, ou d'Office, en pareil qu'il a été dit des Tutelles.

XV.

Sont tenus tous Tuteurs & Curateurs ainſi inſtituez, confirmez ou donnez, de bien & fidellement régir & gouverner tant les perſonnes que biens de leurs Mineurs ; chercher leurs profits & avantages, & éviter leurs dommages au poſſible ; faire loyal Inventaire en préſence des Procureurs Généraux ou d'Office, ou leurs Subſtituts, & par leur avis pourvoir à la vente des

Meubles périssables, pour obvier à leur détérioration & dépérissement, selon la qualité d'iceux ; & convertir les deniers qui en proviennent, en achat d'héritages ou autres profits pour leurs Mineurs, à leur commodité plus grande ; & du tout enfin rendre bon compte, & payer les *reliquat*, à peine d'exécution en leurs Biens, telle que pour chose jugée.

XVI.

Si un Mineur a plusieurs Tuteurs, l'un d'iceux peut être reçu seul à agir, défendre ou poursuivre en Jugement ou dehors, les droits & actions de son Mineur, sans que l'absence des autres puisse apporter aux Parties contre lesquelles se font lesdites poursuites, aucun juste argument de non-procéder ou satisfaire ; à la charge toutefois de faire avouer lesdites poursuites par leurs Co-tuteurs, s'ils en sont interpellez par Parties, ou autrement leur est ordonné par Justice.

XVII.

Quittances promises, faites ou passées à Tuteurs, pour pratiquer par tel moyen le Mariage de leurs Mineurs, & y parvenir sont nulles ; même n'est foy ajoutée à ce que le Mineur marié, ou le Mary de la Fille en aura reconnu, soit par lesdites Quittances ou Contracts de leur Mariage, s'il ne conste que le Tuteur ait légitimement rendu compte de son administration & actuellement acquité le *Reliquat* d'icelui, sans aucune collusion, fraude ou simulation : Et où il en sera convaincu, soit à la plainte ou délation des Mineurs, ou autrement, sera le tout non seulement déclaré nul & sans effet, ains lui, & ceux (hors lesdits Mineurs) qui se trouveront avoir adhéré à telles menées & pratiques secretes, vrayment vérifiées, mulctez de punitions arbitraires, comme de chose abusive & pernicieuse.

TITRE V.

DES FIEFS ET FRANCS-ALEUS.

ARTICLE PREMIER.

LEs Fiefs sont generalement de telle nature & qualité, que les Fils & Filles sont capables d'y succéder, comme à Biens Patrimoniaux. Toute fois entre Gentils-hommes, les Freres excluent leurs Sœurs, & ne sont capables de succéder, tant qu'il y a Freres, & leurs descendans, soit Fils ou Filles, à faute desquels elles y heritent.

II.

Roturiers ne sont capables de tenir Fiefs en propre ; & si à droit d'hoirie ou succession, aucuns leur en obviennent, font tenus dedans l'an & jour, les remettre entre les mains des Gentils-hommes ou Annoblis, capables de les retenir & poffeder; à faute de quoy font commis.

III.

Si aucuns Fiefs font léguez à Gens d'Eglife, Communautez, Colléges, Prieurez, Hôpitaux, Cures, Chapelles & Confrairies, ou s'ils en acquierent, font tenus dedans l'an & jour en recher-cher amortiffement; & en cas qu'ils ne l'obtiennent, demeurent contraints à la charge du Fief, felon la qualité d'i-celui.
IV

Tous Vaffaux font tenus faire foi & hommage, & ferment de fidélité à Monfeigneur le Duc notre Souverain Seigneur, ou à leurs autres Seigneurs Féodaux, pour raifon des Fiefs qu'ils tiennent, & leur en faire fervice, fe-lon le nombre, inveftiture & qualité d'iceux.

V.

Si interpellez de reprendre, ils en font refufans, ou dilayans par trois mois, étant au Pays; ou fi dehors en Pays étranger, par an & jour; ledit temps paffé, peut SON ALTESSE faifir le Fief, & tiendra la Saifie jufqu'à ce que lef-dits Interpellez auront fatisfait à ladite Interpellation.

VI.

Lefdites reprifes faites , font données Lettres de la part de Son Altesse témoignantes le devoir des Vaffaux , qui réciproquement doivent donner Reverfales de ce de quoy ils auront repris : Et s'ils ont repris d'une ou plufieurs Seigneuries diftinctes & féparées , doivent en faire déclaration expreffe ; non toutefois des dépendances , finon en général , & fans être tenus en donner autre Dénombrement par le menu , fi bon leur femble.

VII.

Si le Fief pour lequel le Vaffal fera appellé , eft prétendu par un autre , être de fon Seigneuriage direct ; comparant le Vaffal , & le déclarant dedans le tems ci-deffus limité , ou bien fe purgeant par ferment , qu'il ne l'eftime être Fief , ains qu'il le tient Franc-Aleu ; il ne le commet , encore que par après il fe trouvât être Fief ; & ne doit être paffé à la Saifie dedans autres trois mois , pendant lefquels il fera fon devoir de faire juger cette difficulté par les Pairs ès Affifes extraordinairement , fans fuites ni formalitez.

VIII.

Tant & fi longuement que chofes Féodales demeurent indivifées , & non Partagées entre Freres , l'aîné peut faire d'icelles pour tous, les Foy, Hommage, & Serment de fidélité.

IX.

Si les Fiefs échéent à Femmes ou Mineurs, les Maris ou Tuteurs en peuvent faire les reprises en leurs noms; prêter les Foy & Hommage & Serment de fidélité, s'ils n'en obtiennent souffrance.

X.

Toutes fois que le Fief change de main, soit par muance du Seigneur, ou changement du Vassal, à quelque titre que ce soit, le Fief demeure obligé aux Reprises, Foy, Hommage & Serment de fidélité.

XI.

Droit de Foy, & Hommage au Seigneur direct par son Vassal, ne se peut prescrire.

X-II.

Les Fiefs se peuvent librement vendre, échanger, ou autrement aliéner; & peut-on entrer en la possession d'iceux réelle & de fait, sans danger de saisie ni commise.

XIII.

Si entre plusieurs, sur les droits de la chose Féodale diversement prétendue, il y a contention & débat, SON ALTESSE, ou autres ayant Fief sous eux, les peuvent tous recevoir, ou bien tel d'eux que bon leur semblera, sauf leur droit & l'autruy, sans que telle réception leur puisse apporter préjudice, non plus qu'avantages ou desavantages aux contendans.

XIV.

Les Fiefs & Francs-Aleus enclavez en Lorraine, tant ès droits possessoires que pétitoires, sont régis & réglez selon les Coutumes générales de Lorraine. **XV.**

Celui qui tient & possede Seigneurie en Franc-Aleu, est exempt à cause d'icelle, de Foy, Hommage, Service, & autres devoirs; même les Sujets y demeurans, francs & immunis des Aydes généraux. Sont néanmoins les Seigneurs & Sujets des Francs-Aleus enclavez en Lorraine, tenus de subir cour aux Bailliages voisins, y étans convenus pour Droits Seigneuriaux ou de Communauté, & de fournir aux prestations & charges communes, pour passages de Gens de guerre, & autres commoditez publiques.

TITRE VI.

DES JUSTICES, DROITS, PROFITS
& Emolumens d'icelles.

ARTICLE PREMIER.

IL y a trois sortes de Justices; la Haute, la Moyenne, & la Basse.

I I.

La Haute-Justice proprement, est celle qui donne au Seigneur, ou ses Justiciers, la puissance de la coërtion reprimende des délinquans par mort, mutilation de membres, foüet, baniss-sement, marques, piloris, échelles, & autres peines corporelles semblables. Et sont les Gibets ou Arbres penderets, signes & marques de Haute-Justice : Advenant la chûte desquels Gibets & Arbres penderets, peuvent être rele-vez, ou choisis par les Hauts-Justiciers dedans an & jour; lequel écoulé, sont tenus dès lors en prendre la permission de Son Altesse, de même que pour de nouveau les ériger & choisir. Ceux toutefois qui ont usage de choisir tel Arbre penderet, & en tout temps qu'ils veulent; ils jouissent de leur usage.

I I I.

L'appréhension seule des Criminels, Seps à les détenir par quelque temps, de même la détention d'iceux, à la charge de les rendre ailleurs, & Droit de main morte, ne sont seuls concluans à Droit de Haute-Justice, non plus que création de Maire & de Justice, s'ils n'ont autorité de la connoissance des Crimes, confection & Jugement des Procès criminels.

IV.

Pluſieurs neanmoins ayans la connoiſſance des Crimes, Confection de
Procès des criminels, & le Jugement
d'iceux, n'ont Gibets, ni l'exécution
des Criminels ; ains appartient icelle
au Prince, ou aux Seigneurs Voüez :
Ne délaiſſent pour ce toutefois d'être
Haut-Juſticiers, joüiſſans au reſte des
profits & émolumens de Haute-Juſtice, ſinon entant qu'à l'occaſion deſdites Exécutions, ou autrement, le Prince, ou leſdits Voüez, ont droit d'y par-
ticiper, en aucuns lieux plus, en autres
moins.   V.

La création de Maire & Juſtice pour
connoître des crimes ; Création de Tuteurs & Curateurs, les Confiſcations,
Epaves Mobiliaires & Immobiliaires,
comme Attrayeres, Accruës & Acquêts
d'Eau, Biens vaquans, & Terres her-
mes & vagues (en quelques endroits
dites de Communauté, en autres Sau-
vages ;) Hautes Amendes arbitraires
au deſſus de ſoixante ſols ; l'autorité de
crier les Fêtes Parochiales, permettre
les Danſes & les Jeux aux jours d'icelles, lever corps morts, ériger Colom-
bier ſur pilliers, & Droits de Bannali-
tez de Fours, Moulins & Preſſoirs, appartiennent réguliérement aux Hauts-
Juſticiers, ſi par Uſage ou Droits par-

ticuliers, il n'appert du contraire.

VI.

Tandis que l'ALTESSE de Monſeigneur eſt Conperſonnier en Haute-Juſtice avec aucun ou aucuns de ſes Vaſſaux, il eſt le premier dénommé ès Cris des Fêtes, & les autres Comperſonniers après: Et ſi leurs Officiers de Juſtice & Sujets ſont diviſez, le Cri ſe fait par le ſeul Sergent de SON ALTESSE ; s'ils ſont indiviſez, par le Sergent commun.

VII.

D'Eſpave trouvée ſous la Haute-Juſtice d'un Seigneur Haut-Juſticier par aucun de ſes Sujets, ou autres y réſidans, doit, ſous peine de l'amende arbitraire, avertiſſement être fait aux Officiers d'iceluy dedans vingt-quatre heures ; qui ce fait, la doivent garder par ſix ſemaines, & icelle cependant faire publier & annoncer au Prône de l'Egliſe Parochiale du lieu ; Et ſi en la Paroiſſe il y a Annexe, en la Mere Egliſe. Laquelle publication faite, ſi aucun ne ſe préſente, qui faſſe paroître la choſe trouvée être ſienne, elle eſt acquiſe audit Seigneur. Si toutefois elle eſt de choſe périſſable, pourra avant ledit temps être venduë, pourvû que ce ſoit ſolemnellement ; mais toujours à charge d'être publiée comme deſſus,

& que les deniers en provenans soient, au lieu de la chose, délivrez à celui à qui elle se trouvera appartenir, se présentant dedans lesdites six semaines; les frais de nourriture (si l'Epave est pâturante) & de Justice précomptez.

VIII.

Treuve de Trésor caché de si long-temps, que vrai-semblablement l'on n'ait connoissance à qui il puisse appartenir, si elle est faite fortuitement par aucuns faisant œuvres en lieu public, appartient pour la moitié au Haut-Justicier ; & pour l'autre, à celui qui a fait la treuve. Si elle est faite en lieu privé, & par le Maître de l'héritage, un tiers appartient au Seigneur Haut-Justicier, les deux autres tiers audit Proprietaire & Trouvant. Et si un autre en a fait la treuve, un tiers doit lui en appartenir, un tiers au Maître de l'héritage ; un tiers au Haut-Justicier : Pourvû qu'en tout cas, la treuve lui soit, ou à son Officier notifiée dedans vingt-quatre heures par celui qui l'aura faite, ou de sa part, & qu'elle ne soit faite autrement d'intention délibérée, par mauvais artifice : auquel cas, ou dudit récélement, demeure le tout acquis au Haut-Justicier ; & ceux qui s'en trouvent convaincus, punissables encore d'amende arbitraire, selon la qualité de leur méfait.

IX.

I X.

Si en Haute-Justice d'un Seigneur, aucun meurt *intestat*, sans hoirs de son corps, ou autres habiles à lui succéder, le Seigneur se peut saisir des Biens Meubles & Immeubles délaissez par le Défunt sous sa Seigneurie, en satisfaisant aux dettes frais funeraux, legs & dispositions du décedé, si aucunes y a. Que si le Décedé est mort au cas que les Lignes doivent être revêtuës, laissant Héritiers en quelqu'une de ses Lignes, en autre non ; le Seigneur représente l'Héritier de celle qui se trouve vacante, & la remplit ; & les autres Héritiers emportent ce qui meut de l'estocage de la Ligne, où Lignes desquelles ils se montrent Héritiers ; satisfaisant chacun aux charges héréditaires, selon que les biens qu'ils succedent, s'en trouvent chargez, & pour telle cotte & part qu'ils prennent en iceux.

X.

Si quelqu'un ayant délinqué sous la Haute-Justice d'autruy, y est arrêté en délit flagrant de ce fait, & quand le délit n'est disposé à peine corporelle, ou à bannissement ; il y est rendu jurisdiciable, encore qu'autrement il n'y soit sujet ni domicilié. Mais si le délit est sujet ou à peine corporelle, ou à bannissement ; en ce cas étant le Délin-

D

quant avoué & reconnu homme d'autre Justice, & requêté par le Seigneur d'icelle, il lui doit être rendu, chargé de ses charges, pour en faire faire la Justice; en satisfaisant préalablement aux dépens, tant de la détention du prévenu, que confection de son Procès auparavant le requêtement.

X I.

Qui confisque le corps d'Annoblis ou Roturiers, confisque les biens; & telles Confiscations appartiennent à ceux qui ont tels émolumens, ou aux Hauts-Justiciers, selon que les Biens soient Meubles ou Immeubles, se trouvent assis en leur Haute-Justice.

X I I.

Et combien que l'on tienne régulierement, les Meubles suivre la Personne; si est-ce qu'en cas de Confiscation & de Succession vacante, le Seigneur Haut-Justicier, ou celui qui est en possession d'en prendre les émolumens, ne peut prétendre autres Meubles que ceux qui lors de la Confiscation adjugée, ou desdites Successions écheantes, se trouvent assis sous sa Seigneurie: Aussi n'est-il tenu des charges personnelles ou réelles, sinon à la concurrence de ce qu'il prend des biens confisquez ou vaquans.

XIII.

Entre Annoblis & Roturiers, l'Homme marié, par son forfait, confisque les Meubles & la moitié des Acquêts de la Communauté d'entre lui & sa Femme, avec ses Biens propres: Sur iceux toutefois réservé le Douaire de sa Femme, & ce qui est des deniers de son Mariage, sujet à employ & retour.

XIV.

La Femme mariée confisque ses héritages anciens seulement.

XV.

Si l'un ou l'autre des deux Conjoints commet Acte important peine d'amende pécuniaire ; telle Amende peut être prise sur les Biens de la Communauté.

XVI.

Biens tenus en Fief, à cens perpétuel, ou à longues années, ou à condition de main-morte, assis sous la Haute-Justice d'un Seigneur, & tenus par un qui confisque le corps & biens ; ne sont par ce acquis au Seigneur Haut-Justicier ; ains retournent à celui à qui appartient la main-morte , ou au Seigneur Censier, ou Féodal de la chose.

XVII.

Le Seigneur Haut-Justicier peut aussi défendre à ses Sujets de n'offenser les personnes qui se craindront ou douteront , en affirmant qu'ils ont juste occaſion de requerir telle défenſe, à peine de deſobéïſſance; & ſera la défenſe réciproque, & ſous même peine. Quant aux Sauve-gardes, elles appartiennent à Son Alteſſe, & ſe décernent par les Baillifs, privativement de tous autres.

XVIII.

Les Sujets du Seigneur Haut-Juſticier ne peuvent s'aſſembler en Communauté, ſans le ſignifier au Maire, ou principal Officier du lieu; leſquels s'y trouveront s'ils veulent, pour les aſſiſter en ce qu'ils ne ſeront Parties.

TITRE VII.
DE MOYENNE JUSTICE.
ARTICLE PREMIER.

LA Moyenne Juſtice eſt celle qui donne autorité & puiſſance au Seigneur d'icelle, de coërtion n'importante mutilation de membres, Fouet, Banniſſement, ou peine pécuniaire excédant amende de ſoixante ſols; de pouvoir créer Maire & Juſtice, pour connoître des actions perſonnelles, d'injures & de délits ſimples, qui s'intentent entre ſes Sujets, & ne ſont de qualité telle qu'ils doivent excéder ladite amende.

II.

Donne puiſſance auſſi d'avoir Seps, &

y détenir les délinquans vingt-quatre heures, pour de là être mis ès mains du Seigneur Haut-Justicier, ou du Voué.

TITRE VIII.
DE BASSE JUSTICE.
ARTICLE PREMIER.

BAsse-Justice est celle qui attribue au Seigneur le pouvoir de connoître par sa Justice, des actions desquelles les Amendes ne peuvent excéder dix sols; des Réelles, Pétitoires & Mixtes concernans les Immeubles; de Gageres & Reprises faites sur héritages par leurs Messiers, desquels les amendes ne sont plus hautes que ladite somme de dix sols; dommages faits ès fruits & chatels des champs; Abornemens, & autres actions, ou actes semblables, concernans les Immeubles, & le Réglement d'iceux.

II.
Un Seigneur Bas-Justicier toutefois, même un Proprietaire de Bois, n'ayant autrement jurisdiction au lieu, peut recevoir l'amende de cinq francs pour mésus commis en ses Bois, s'il est capable d'amende, ou fondé de titre suffisant.

III.
Le Seigneur Bas-Justicier peut créer Messiers & Banvars, ayans puissance de

reprendre le Bétail trouvé en méſus,
ſoit en temps de haut-poil, ou autrement, par échapée, ou garde faite : Et
ſont leſdits Meſſiers ou Banvars, de même que les Sergens des Hauts, Moyens
& Bas-Juſticiers, indiſtinctement crûs
de leurs Raports & Exploits, ſauf de
ce d'où leur peut revenir profit ou intérêt en leur particulier : Et les amendes
ordinaires deſdites repriſes, deſquelles
ſont leſdits Seigneurs Bas-Juſticiers capables, ſont de cinq ſols pour chacune
bête, s'il n'y a Chartres de plus haute
ou moindre amende.

I V.

Peut ledit Seigneur Bas-Juſticier ſai-
ſir & mettre la main à Héritages qui
lui ſont cenſables faute de cens non-
payé : Comme auſſi à requête des Parties pour terres qui leur ſont ſujettes
à cenſive, faire ſignifier leſdites Saiſies,
& connoître de la civilité ou non des
main-levées requiſes ſur icelles. Auſſi
peut, à requête des Communautez ;
mettre Ban & preſcrire temps certain
pour la recolte des fruits pendans ſur
terre, & embannir certaines contrées
de leurs prez ou héritages, ſous peine
aux contrevenans de l'amende de cinq
ſols, cinq gros, ou dix ſols, ſelon qu'il
eſt d'uſage ès lieux de les prendre &
avoir ordinairement.

V.

Le Seigneur Foncier est capable de droit de création de Porteur de Paulx à recevoir Dixmes, & des Droits d'Attouchement de Bois, & de Fourage, Rouage, Chommage, & ajustement de Poids & Mesures ; même de pouvoir ériger Pressoirs & Moulins à son usage sous sa Seigneurie ; ne peut toutefois les rendre Bannaux au préjudice du Seigneur Haut-Justicier.

V I.

N'ont toutefois tous Seigneurs Fonciers indistinctement lesdits Droits ; bien sont-ils capables d'en jouir & les ayoir, s'il n'y a contr'eux possession contraire.   **V I I.**

Celui qui a la Haute-Justice, est présomptivement fondé de la Moyenne & de la Basse ; & qui a la Moyenne, est fondé semblablement de la Basse, s'il ne conste de titre, jouissance, ou prescription au contraire.

TITRE IX.

DES SUCCESSIONS DIRECTES
& Collaterales, Rapports, Collations, Partages & Divisions.

ARTICLE PREMIER.

EN toutes Successions Directes & Collaterales, les Héritiers du défunt, plus capables & habiles à lui succéder *ab inteftat*, foit de leur chef ou par reprefentation, font faifis des biens par lui delaiffez au jour de fon decès; qu'eft-ce qu'on dit, *le Mort faifit le vif.*

II.

Pour ce qui touche la forme, & difference de fucceder entre freres & fœurs, fils & filles de Gentils-hommes, aux biens & hoiries tant directes de leurs Peres & Meres, qu'autres collaterales; en fera donné Réglement au Cahier des Coûtumes nouvelles.

III.

Entre Annoblis, les freres & fœurs, fils & filles, fans diftinctions du fexe, fuccédent également aux Biens meubles & immeubles de Fiefs & de Roture à eux obvenus par fucceffion de lignes directes ou collaterales; & en ce y a différence de leur forme de fuccéder à celles des Gentils-hommes; en tous autres points & articles n'y a aucune diverfité.

IV.

Entre Roturiers n'y a différence, diftinction ni prérogative aucune des fils aux filles, ains fuccédent tous également, & en droits pareils.

V.

Une perfonne de quelque fexe & qualité elle foit, décedant fans délaiffer

fer hoirs de son corps, ni freres ou
sœurs légitimes germains ; ses freres &
sœurs non-germains sont pour le tout
saisis de la succession de ses Meubles &
Acquêts, & de ce d'Ancien qu'elle aura
délaissé en Ligne de laquelle ils lui sont
freres ou sœurs ; les Parens de ses autres lignes, de ce desdits Anciens qui se
trouve mouvoir des troncs & estocage
d'où ils prennent leur descente ; & si elle
n'a délaissé aucuns freres ni sœurs germains ou non-germains, ni représentans d'iceux, ses cousins légitimes, ou
leurs représentans de sa ligne paternelle,
succédent pour la moitié en ses Meubles & Acquêts, & ceux de la mater-
nelle pour l'autre, sans recherche ni
considération de la mouvance desdits
Meubles, ni des deniers desquels lesdits
Acquêts pourront avoir été faits d'ailleurs que du chef de celui qui en a fait
l'encheûte, encore qu'il fût notoire
iceux lui être obvenus par succession
de l'une de ses lignes seulement. Et
quant aux Héritages anciens, parce
qu'ils doivent suivre le tronc & souche
dont ils sont descendus, fourchoyent,
retournans aux Parens de l'estocage des
lignes d'où ils sont mouvans & descendans, selon que chacun s'y trouve capable de son chef, ou par représenta-
tion, sans aucune considération de la

E

proximité des uns en degré plus que des autres, parce que repréſentation, tant en ligne collaterale que directe, a lieu infiniment ; & ſont telles formes de Succeſſions communément dites & appellées, *Revêtement de Lignes.*

V I.

Freres ſuccedent entr'eux par cottes & portions égales aux ſucceſſions de leurs peres & meres, & à autres qui peuvent leur advenir en ligne directe ou collaterale ; ſauf que s'il y a de l'un d'iceux, ou d'aucuns, pluſieurs Repré-ſentans, ſuccedent leſdits Repréſen-tans par branches, c'eſt-à-dire, autant que le Repréſenté s'il fût vivant, non par têtes.

V I I.

Deniers donnez par forme de ſoltes en partage, ſortiſſent nature d'Immeu-bles à celui à qui ils ſont appartagez.

V I I I.

Acquêt fait par un Prêtre ſéculier en ſon nom privé & profit particulier, eſt à ſes Héritiers *ab inteſtat*, ſi autrement il n'en a diſpoſé ; & peut prendre & avoir les ſucceſſions de ſes parens, de même que ſes parens lui ſuccedent.

I X.

Choſe échangée, prend & retient la nature & qualité d'Ancien ou d'Acquêt, telle que l'avoit la choſe à laquelle elle

a été contr'échangée. Et quant au Réglement des ſucceſſions, advenant que
l'échange ſoit fait avec ſoltes & retour
d'argent, pour mieux valuë, ſi elle
eſt de ſi peu, qu'elle ne revienne de
beaucoup à la moitié de la valuë de la
choſe donnée ou échangée, lors elle
céde au principal, & demeure le tout
de la choſe reçuë en contr'échange, à
l'Héritier de celui à qui appartenoit ladite choſe échangée, en reſtituant la
moitié de ladite ſolte aux Héritiers y
prétendans part en vertu d'icelle. Mais
ſi l'argent excéde la moitié de la valuë
de la choſe échangée, y revient ou l'ap-
proche, lors peuvent leſdits Héritiers,
ſi bon leur ſemble, prendre part audit
contr'échange, à proportion & ſcon-
currence de ladite ſolte.

X.

Si d'héritage propre à l'un ou à l'autre de deux conjoints, engagé auparavant leur mariage, le rachat eſt fait
conſtant icelui, il retient ſa nature de
Propre, au profit de celui à qui il eſt
propre, ou de la ligne duquel il eſt
mouvant, & fût-ce des deniers de la
communauté que ledit rachat ſe trouve
avoir été fait.

COUTUMES NOUVELLES
du même Titre.

DES SUCCESSIONS.

ARTICLE PREMIER.

EN Successions directes de Gentils-hommes, tant qu'il y a fils ou descendans d'iceux, ils excluent les filles. En collaterales, si avant qu'il y a freres, ou descendans d'iceux, leurs sœurs ne succédent aucunement; ains pour toutes Successions, soient mobiliaires ou immobiliaires, ont indistinctement somme de deniers, selon l'ordonnance du Pere, s'il en a précisement ordonné; & s'il n'en a ainsi ordonné, telles que les qualitez, moyens & facultez de leurs maisons le peuvent donner, outre & par-dessus les habillemens convenables à la décence de leurs états, & frais du festin des nôces; le tout à l'arbitrage des parens. Et où ils n'en tomberoient d'accord, ou en sourdroient difficultez entre les Parties, à ce qui en sera arbitré ou jugé ès Assises.

II.

Les Enfans de divers lits, entre tous Gentils-hommes, Annoblis & Roturiers, partageront par têtes également les successions de leurs peres & meres,

sans distinction aucune des lits & nôces d'où ils sont issus, si doncques par
convention de Mariage il n'y a Traité
au contraire. Et en ce cas de Lits brisez
& Mariages divers entre Gentils-hommes, les fils aussi excluront les filles des
successions de leurs peres ou meres
communs, en apportionnant icelles de
ce que leur doit être donné pour leur
dot, & sans avoir aucun égard à l'ancienne Coûtume, par laquelle elles fai-
soient Lits à part, partageoient contre
les fils, & selon leur Lit prenoient leur
contingente esdites successions.

III.

Si toutefois en ce même cas de pluralité de Lits, les fils (après avoir ainsi
hérité les biens & hoiries de leurs peres & meres) viennent à décéder sans
hoirs de leurs corps, délaissans sœurs
germaines de leur lit, & freres consanguins ou uterins d'un autre ; elles par
revêtement de lignes, & privativement
desdits non-germains, consanguins ou
uterins, succéderont ès biens que leursdits germains délaisséront, provenans
de l'estocage du pere ou de la mere desquels lesdits non-germains ne seront
issus. Aussi quand les filles, ou leurs
Représentans, demeureront sans aucuns freres ni descendans d'iceux, elles
sont en ce cas capables de succéder en

toutes sortes & especes de Fiefs & biens
délaissez par leurs peres, meres, freres,
sœurs, & tous autres leurs parens.

I V.

Le frere aîné, ou son Représentant en
ligne directe, prendra par préciput, &
sans obligation d'aucune récompense,
le Château ou Maison-forte, Basse-
cour, Parc fermé de murailles, Jardins & Pourpris contigus, avec le droit
de Guet, de Bois de Maronnage pour
la réfection de la maison, Patronage &
Collation de Chapelle Castrale, & de
la Cure du Village où il a la maison,
s'il y a droit de collation. Où toutefois
il y auroit dedans le clos du Château,
du Parc ou de la Basse-cour, des Moulins, Pressoirs ou Fours bannaux, & en
la Maison droit d'Affouage ; le frere
aîné sera obligé d'en donner récompense à ses freres.

V.

Si en une succession se retrouvent
plusieurs Châteaux ou Maisons-fortes,
en plusieurs Bailliages ou Provinces dedans le Pays de Son Altesse, où la
Coutume avantage le Frere aîné d'a-
voir une maison par préciput, privativement de ses freres, & le nombre des
freres est tel, que quelqu'un d'eux par
ce moyen ne puisse avoir maison, l'Aîné
sera obligé de se contenter d'en avoir

une à son choix & option, ainsi de
frere en frere, tant que chacun d'eux
puisse avoir maison, si faire se peut, &
icelle non divisée.

V I.

Les parens & héritiers présomptifs
du décédé, seront reçus à se porter héritiers par bénéfice d'Inventaire, & ce
dedans six semaines, s'ils sont au Pays, &
quatre mois s'ils sont absens ou mineurs.

V I I.

Ceux qui décédent sans hoirs pro-
créez de leur corps, font écheute de
leurs Meubles & Acquêts à leurs freres
ou sœurs germains, & aux descendans
d'iceux ; Et à faute desdits germains,
aux non-germains. Et s'ils n'ont aucuns freres ou sœurs, lesdits Meubles
échéront en tout, aux peres ou meres,
ayeuls ou ayeules les survivans. Que
s'ils décédent au cas qu'ils ayent hérité
la succession de leurs peres ou meres,
ayeuls ou ayeules, lesdits biens héritez
retourneront à ceux de la ligne d'où ils
seront procédez.

V I I I.

Si par Donation ou autrement, ayant
reçû quelques biens de leursdits peres
ou meres, ayeuls ou ayeules, ils décédent laissans iceux à eux survivans, lesdits biens provenans desdites donations ou autres avancemens, retourne-

ront ausdits leurs ascendans de la ligne ou estocage desquels ils seront provenus & mouvans.

IX.

Au défaut desdits peres & meres, ayeuls ou ayeules, les Cousins seront préférables aux Oncles en ce qui sera des Meubles & Acquêts ; les Oncles aux Cousins en ce qui se trouvera de l'Ancien.

X.

En succession directe de pere & mere (non plus avant) l'Aîné de plusieurs freres est tenu (mais à frais communs) faire & dresser les partages : Et ont les Puinez la prérogative de choisir subordinément , à commencer au plus jeune ; sous l'obligation toutefois à eux ou leurs Tuteurs, de faire le choix dans six semaines que les lots desdits partages leur seront mis en main , à peine d'être ce droit référé à ceux qui les suivent en ordre , s'il n'y a cause d'exoine , & excuse légitime de leur retardement. Si pendant le temps de la délibération, les Créditeurs pressent , se fera vente des Meubles par autorité de Justice à l'Encan public , pour être faite distribution des deniers en provenans , selon qu'il sera trouvé raisonnable.

TITRE X.

DES DONATIONS ENTRE-VIFS,
Simples, Mutuelles, & à cause de Nôces.

ARTICLE PREMIER.

TOutes perſonnes qui ſont en leurs droits & puiſſance, peuvent par donation ſimple entre-vifs, diſpoſer librement de tous leurs Biens anciens & patrimoniaux, au profit de toutes perſonnes, voire de leurs enfans, pourvû que l'un deſdits enfans ne ſoit plus avantagé que l'autre, horſmis des Maiſons fortes, s'il y en a ; comme ſera dit expreſſément au Cahier des Coûtumes nouvelles.

I I.

Mais en telles Donations ſimples, de pure libéralité, ſi ce n'eſt en Traité de Mariage, donner l'Ancien en fonds, & retenir l'uſufruit, ne vaut ; Ains faut que le Donataire ſoit réellement & de fait jouïſſant de la choſe donnée, à peine de nullité de la Donation. Toutefois en Donations ſimple de Meubles & Acquêts, donner & retenir vaut ; & pour operer telle tradition, ſuffiſent les clauſes de conſtitut précaire, & retention d'uſufruit.

III.

Toute Donation peut être rescindée pour une ingratitude bien vérifiée, ou autre cause légitime.

IV.

Entre Conjoints, les Donations mutuelles n'ont lieu : Toutefois le Mary peut valablement donner ses Meubles & Acquêts à sa Femme, comme sera dit au Cahier des Coutumes nouvelles, & la récompenser sur son Propre & naissant, du bien qu'il lui auroit vendu, ores qu'il ne fût obligé par Traité de Mariage.

V.

Donation d'Immeubles faite à l'un de deux Conjoints par le pere ou ayeuls, ou autre parent, qui pouvoit luy advenir par hoirie & succession *ab intestat*, lui tourne en nature de fond & bien ancien.

VI.

Si Donation d'Immeubles se fait par personnes de qui le Donataire ne pouvoit attendre telle succession *ab intestat*, cette Donation est réputée Acquêt, communicable à l'un & à l'autre des deux Conjoints; s'il n'étoit dit expressément par la Donation, qu'elle doit demeurer Propre au Donataire.

COUTUMES NOUVELLES
du même Titre.

DES DONATIONS.

ARTICLE PREMIER.

PAr Donations entre-vifs on peut dispofer de fes Meubles & Acquêts à fa femme, à l'un ou plufieurs de fes enfans, par préciput ou par partage, à la volonté du pere ou mere étant en fes droits & puiffances, ou à tous autres généralement.

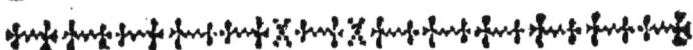

TITRE XI.

DES TESTAMENS, ORDONNANCES
de volonté derniere, & exécution d'icelles.

ARTICLE PREMIER.

TOutes Perfonnes qui font en leur puiffance, hors la Tutelle & Curatelle d'autruy, ufans de leurs droits, faines d'entendement, & en état de pouvoir par paroles diftinctement, ou par écrit déclarer ou témoigner leur conception & volonté, peuvent faire Teftament, Codicile, & Ordonnance de volonté derniere, aux formes & réglemens ci-deffous particulierement déclarez, & felon qu'il le fera au premier Article des Coutumes nouvelles.

I I.

Prêtres Séculiers, de même que
Laïcs, font capables de pouvoir faire
Testamens, & par iceux disposer de
leurs Biens temporels.

I I I.

Hommes Annoblis & Roturiers,
peuvent sur leurs Biens anciens léguer
somme de deniers jusqu'à la concurrence de la value d'un quart seulement
au profit d'autres toutefois que de leurs
enfans, ou de leurs femmes, s'ils n'ont
enfans.

I V.

Le Mary peut sur ses Biens anciens,
pour le tout ou en partie, léguer usufruit à sa Femme orès-qu'il ait enfans
issus de leur mariage; à charge toutefois de les entretenir selon la décence
de leur état, conserver les maisons,
usuines, droits & autoritez des Seigneuries & Biens; acquitter les charges, poursuivre les Procès, & en soutenir les frais, & en tout verser comme
bonne Mere de famille, & garder la viduité; car où elle passeroit à autres nôces, dès-lors elle perdroit l'usufruit:
mais où le Mary auroit enfans d'un mariage précédent, il ne pourra léguer
ledit usufruit.

V.

Si d'une personne, après son décès,
se trouvent plusieurs Testamens, les
premiers sont censez être revoquez par

le dernier ; s'il n'est dit par exprès,
qu'ils doivent demeurer en leur force.

VI.

Testament passé par Gentil-homme
en présence de trois ou quatre Gentils-
hommes ses parens ou amis, signé ou
scellé du Sceau desdits Témoins, est
valable.

VII.

Entre tous généralement, Testament
passé par-devant un Tabellion Juré &
deux Témoins, scellé du Sceau autentique, & sur chacun Article duquel écrit
& relû au Testateur, il ait témoigné sa
volonté ; ou bien écrit & signé de la
main du Testateur, ou n'étant écrit de
sa main, signé d'icelle, ou cacheté,
avec deux Témoins qui l'ayent vû si-
gner ou cacheter ; ou s'il n'y a Témoins,
signé du Testateur & d'un Tabellion,
fait foy & vaut, s'il n'y a defectuosité
d'ailleurs.

VIII.

Une personne n'ayant moyen de recouvrer facilement un Tabellion pour
par-devant lui déclarer sa volonté derniere, si elle est écrite & sous-signée du
Curé, vaut quant aux choses pieuses ;
sinon en ce qui s'y trouve particulierement légué au profit du Curé, n'étoit
qu'il y eût Témoins vérifians tel leg luy
avoir été fait de la pleine volonté du

Testateur, non à ce induit & admonesté. S'il ne s'en trouve rien par écrit, pour avoir été seulement faite & déclaré verbalement, faute de moyens à recouvrer personne pour l'écrire, ou autre occasion, & elle est témoignée par trois Témoins sans reproches, & hors de toutes objections valables, elle vaut. Si c'est de personne pestiférée, & elle soit affirmée par le Curé ou Vicaire; elle vaudra quant aux choses pieuses; & en tout si par luy & un Témoin, ou par deux Témoins hors de reproches.

I X.

Testament fait à la Guerre, s'il est sous-signé du Testateur, ou si autrement il conste suffisamment de sa volonté, vaut, nonobstant qu'autre formalité plus exacte ne s'y trouve observée.

X.

Tabellion ou autre ayant écrit Testament, & en icelui inféré quelques legs à son profit, n'est recevable à le demander ni avoir, s'il n'est témoigné par trois Témoins dignes de foy, autres que Légataires, qu'il lui ait été fait de la volonté du Testateur, non curieusement sollicité.

X I.

L'on peut être, en succession collaterale, Héritier & Légataire en même Testament; & en ligne directe pour les Meubles & Acquêts feulement.

XII.

Les Enfans peuvent être exhérédez par le Pere ou la Mere pour caufe d'ingratitude notable, commife envers eux, dûëmet vérifiée.

XIII.

Entre Annoblis & Roturiers, le Teftateur doit laiffer à fes enfans les trois quarts de fon Ancien, francs & déchargez de tous legs, quels ils foient.

XIV.

Claufe trouvée vicieufe en Teftament, ne rend pour ce le furplus légitimement ordonné, vicieux, fi ce n'eft que tel vice provienne de défectuofité de forme, ou folemnité effentiellement y requife & néceffaire, d'où le tout puiffe être rendu nul & vicieux.

XV.

Teftament ne faifit les Légataires, ains font tenus prendre leurs legs des mains de l'Héritier, ou des Exécuteurs du Teftament; les Héritiers fur ce préalablement ouïs & dûëment appellez; fi ce n'eft qu'au temps du décès du Teftateur, que le Teftament a pris fa force, le Légataire fût Gardien, ou autrement faifi de la chofe léguée; ou qu'étant Detteur au Teftateur de quelque chofe, la Quittance luy en ait été léguée.

XVI.

Exécuteurs de Testament, après le décès du Testateur, sont saisis des Meubles & Acquêts par lui délaissez ; & de ce de l'Ancien qu'il a pû léguer, ou en faveur de sa famille, ou en légats pieux ; & doivent exécuter la volonté du Défunt. Mais aussi sont tenus de prendre lesdits biens sous Inventaire, l'Héritier présent, ou appellé ; & s'il est absent, ou ne veut comparoir par auto é de Justice, les Procureurs du Prin , ou des Hauts-Justiciers en leurs Hautes-Justices, présens.

XVII.

Ne peuvent toutefois les Exécuteurs être saisis des Titres délaissez par le Testateur, sinon du Testament, ou autres que le Testateur aura déclaré vouloir leur être mis en main.

XVIII.

Si le Testament en tout est impugné, & débattu de nullité, pendant le Procès d'entre l'Héritier & le Légataire, l'héritier demeure saisi des Biens de l'Hoirie, en donnant bonne & suffisante caution de satisfaire aux legs & charges du Testament. Et ne court l'an de l'exécution d'iceluy, que dès le jour de la difficulté définie, demeurant toujours l'Exécuteur en sa Charge jusques après l'an & jour de ladite définition.

XIX.

X I X.

S'il n'est querellé qu'en quelque clause, peuvent les Exécuteurs passer outre
à exécution de ce qui est liquide. Que
si les Meubles ne suffisent pour satisfaire aux charges, pourront par autorité de Justice (si l'heritier est refusant
y consentir & satisfaire) passer au vendage, de l'Immeuble, à la concurrence de ce qui restera de ladite exécution,
qu'ils doivent au pardessus accomplir dedans l'an & jour du decès, ou du Testament approuvé ; & icelui fini, rendre
compte de leur administration à l'héritier, & payer le *Reliquat*, autrement
y peuvent être contraints par Justice,
comme de chose jugée.

X X.

Exécuteurs choisis & nommez par
Testament, ne sont tenus prendre cette
charge, si bon ne leur semble : toutefois la refusans doivent en avertir le
Juge, chacun selon sa qualité, pour
recevoir Caution de l'Héritier, s'il
s'en veut charger si non autrement y
pourvoir d'office.

X X I.

Par la Coutume il n'y a difference
pour les solemnitez entre les Testamens & Codiciles.

COUTUMES NOUVELLES
du même Titre.

DES TESTAMENS.

ARTICLE PREMIER.

TOutes Personnes qui sont en leur puissance, hors la Tutelle & Curatelle d'autruy, usans de leurs droits, saines d'entendement, & en état de pouvoir par paroles distinctement, ou par écrit, déclarer ou témoigner leur conception & volonté, peuvent faire Testament, Codicile, & Ordonnance de volonté derniere, & par icelle disposer de leurs Meubles & Acquêts au profit de leurs femmes, d'un ou plusieurs de leurs enfans, par partage ou préciput, ou à qui bon leur semble.

II.

La femme n'ayant enfans de mariage précédent, pourra au profit de son Mary (si bon lui semble) disposer par Testament ou autrement, de sa part des Meubles & Acquêts fait constant son mariage, mais par usufruit seulement, & pour ce faire est autorisée par la Coûtume, moyennant qu'elle n'y soit forcée ni contrainte.

III.

On peut entre Gentils-hommes, par

Donation entre-vifs, ou par Testament,
disposer & substituer valablement pour
une des Maisons anciennes, & un quart
du Bien ancien en corps & fonds, entre
les enfans, ou autres de la famille du
Testateur, portans le Nom & les Armes ; & à leur défaut, on pourra faire
ladite Substitution à un parent issu de
la famille, à charge de prendre le Nom
& les Armes.

I V.

Peres & meres peuvent faire le partage entre leurs enfans, tant de leur
Naissant qu'Acquêts ; & si audit partage quelque inégalité se trouvoit au
Bien Naissant, (laquelle inégalité seroit toutefois recompensée par les Acquêts) celui qui aura cette récompense
d'Acquêts, ne pourra répéter quelque
chose sur le Bien ancien.

V.

Fils de famille suivans la Guerre, ou
bien par autres moyens, ayant acquis
quelques Biens de leur Industrie, pourront valablement disposer d'iceux par
Testament, encore qu'ils soient autrement sous la puissance paternelle, &
au-dessous de majorité complete.

V I.

Testament fait de tant de legs, qu'ils
excedent la juste value ou cotte de ce
que le Testateur a pû léguer valable-

F ij

ment, vaut néanmoins à la concurrence de ce dont il aura pû légitimement disposer; & doit être faite la réduction à chacun Légataire, à proportion & mesure de ce qui lui a été légué, sinon qu'en tout cas le legs du quart de l'ancien en faveur de famille, doit demeurer entier au Légataire, non sujet à la dite réduction.

VII.

Les recompenses faites aux Serviteurs pour tous services, sont censez légats pieux; & en légats pieux on peut ordonner & léguer jusques à un quart de l'ancien par dessus les Meubles & Acquêts; non compris le quart, duquel on peut disposer en faveur de famille.

TITRE XII.
DES CONVENTIONS ET MARCHEZ.
ARTICLE PREMIER.

COnventions & Marchez peuvent être valablement faits & passez entre personnes étant en leurs droits, ou par paroles simplement, ou par écrit, pourvû qu'il conste du consentement mutuel des contractans sur la chose convenancée.

II.

S'ils sont passez par devant Tabellion

en preſence de deux Témoins, & mis
en Groſſe ſous le Sceau autentique du
Prince, ils ont force d'exécution parée
contre le Contrevenant ou ſes Héritiers, & ſont par telles Ecritures ſuffi-
ſáment témoignez.

I I I.

Si par devant Tabellion de Terres &
Seigneuries particulieres, eſquelles y a
Sceau établi de tout temps, les Groſſes
en ſont expédiées ſous le Sceau d'icelles, elles font ſemblablement foy, &
ont force d'exécution parée contre les
Sujets deſdites Seigneuries, & pour
choſes y aſſiſes.

I V.

Si entre Gentils-hommes ils ſont paſſez ſous leurs Sceaux & ſignatures, telles Ecritures font auſſi foy pour agir
ou défendre en vertu d'icelles, mais ne
portent exécution parée.

V.

Si autrement par cédules ou autres
écritures privées; ne font leſdites E-
critures foi pléniere, n'eſt doncques
qu'elles ſoient reconnuës en Jugement,
ou d'ailleurs ſuffiſamment vérifiées.

V I.

Femmes, en tels & autres ſemblables
Actes publics reçûs par Tabellion ou
Perſonnes publiques, ne doivent être
appellées ni admiſes pour Témoins.

Peuvent autrement toutefois en Ju‑
gement rendre & porter témoignage
des Conventions verbalement faites &
traitées, où elles auront été préfentes.

VII.

Refcifion de Contract par léfion de
moitié de jufte prix, ni autres moyens
de Reliefs & Benefices de reftitutions
en entier, quels ils foient, n'ont lieu.
Bien font reçûes les voyes de nullité,
lorfque les chofes fe trouvent faites &
traitées illégitimement, & contre les
Loix & Coutumes du Pays.

VIII.

Pour faire acquifitions qui ayent lieu,
ou foient valables entre Gentils‑hommes
& Annoblis, fuffit, outre l'accord de la
Convention, prendre poffeffion actuelle
& réelle de la chofe acquife.

IX.

Qui étant condamné à garantir, n'a
moyens ni puiffance de garantir préci‑
fement au corps de la chofe, fur laquelle
il a été appellé à garant, eft reçû à la
garantie de Droit, par reftitution du
prix convenu au Marché principal, &
de ce que la Partie fe trouvera avoir in‑
térêt au moyen de l'éviction & con‑
trainte à laquelle elle eft réduite fe dé‑
fifter de la chofe.

X.

Si par autres moyens que reftitution

dudit prix & garantie à droit, il est en
sa puissance de garantir, est tenu préci-
sément de ce faire, & n'est reçû à ladite
garantie de Droit.

X I.

Promesse de garantie indistinctement
faite en Contract de vendition ou d'autre aliénation, n'oblige le Vendeur,
ou autrement Aliénateur, à la garantie
du Retrait lignager.

X I I.

Les Peres ou Meres ne peuvent vendre, aliéner ou engager le Bien échû à
leurs enfans, sans l'autorisation & assistance des Procureurs-Généraux entre
Gentils-hommes & Annoblis ; & pour
les Roturiers, en ce qu'est ès Hautes-
Justices de SON ALTESSE, en leurs
Offices ; & des Procureurs d'Offices,
ou autres Officiers à ce établis des Prélats & Vassaux en leurs Hautes-Justices, & consentement d'aucuns de leurs
parens, avec témoignage que telle aliénation se fait pour l'amélioration &
augmentation des Biens de leurs Enfans, à peine de nullité de tout tels
Contracts pour l'une & l'autre Partie.

X I I I.

Tous Héritiers ayant appréhendé
une succession, sont obligez de garantir jusques à droit les faits & promesses
de ceux de qui ils sont héritiers.

XIV.

Marchandife & Denrée mobiliaire délivrée, est cenfée par la délivrance avoir été payée, fi le Marchand ou Vendeur ne fait preuve du crédit, ou s'en rapporte au ferment de celui qu'il prétend lui être demeuré detteur.

XV.

Pour dette procedant de diverfes caufes, Reconvention n'a point de lieu, qu'est ce qu'on dit, *une Dette ne retenir l'autre.*

XVI.

Si toutefois il s'agiffoit de chofe procedant de même acte ou caufe que celle pour laquelle le Detteur est convenu, peut ladite Reconvention avoir lieu par exception; comme fi le Procureur, le Tuteur, & autres Perfonnes de qualité femblable, font convenus de payer ce qu'ils doivent de leurs adminiftrations, ils peuvent propofer Reconvention de ce qu'à même caufe leur peut être dû. Le Locataire pourfuivi de payer le louage, peut reconvenir le Locateur pour les Réparations néceffaires faites en la Maifon, & avec fon fçu & confentement, ou avec avis de la Juftice, & les lui déduire & rabattre par fes mains, & aînfi d'autres femblables, & du liquide au liquide.

XVII.

Les Meubles étans en une Maifon
tenuë

tenuë à louage, font cenfez expreffément affectez au Locateur d'icelle, &
peuvent être tellement exploitez pour
le prix du louage, que s'il échet concurrence de Créditeurs, fera icelui préférable à tous autres, fi ce n'eft qu'auparavant, à fon fçu, & fans fon contredit, ils y ayent été exploitez & faifis.
Que s'ils fe trouvoient autrement tranf-
portez dehors par le Locataire ou autres, ils peuvent être contraints par
Juftice les rapporter, ou par privilege
être arrêtez, en quelqu'autre lieu où ils
foient trouvez.

X V I I I.

De même font les fruits provenus
d'un Gagnage ou autre Héritage cham-
pêtre laiffé à Ferme, réputez fpécialement obligez au prix de la location,
foient encore pendans par la racine,
ou ameublis, & à la concurrence d'icelui, exploitables avant tous autres
Créditeurs du Fermier pour l'année de
l'Exploit, & une d'arrérages, jaçoit
qu'il n'y ait Obligation par écrit.

X I X.

En louage de Maifon le Locataire a
quinze jours pour vuider, paffez lefquels n'eft reçu à propofer prolonga-
tion de louage lui avoir été accordé, fi
ce n'eft que par écrit ou autrement il
en faffe promptement apparoir; autre-

G

ment le premier commandement à lui fait la quinzaine expirée, peut le Locateur vingt-quatre heures après, par voye de Justice faire mettre les Meubles d'icelui dehors sur les carreaux.

XX.

Si un Conducteur ayant reçu quelque Bien à Ferme pour certaine quantité d'années, le temps d'icelles expiré continue de le tenir, est censé le tenir à même charge, prix & condition qu'il l'auroit tenu les années dernieres, encore qu'autre Bail ne lui en ait été de nouveau passé, & n'est recevable pour l'année qu'il y aura entré, d'en sortir, ou faire renonciation, si ce n'est du consentement du Locateur : aussi y ayant entré & fait quelque labeur sans contredit dudit Locateur, n'en peut pour l'année être déjetté ; & avenant que l'un ou l'autre prétende pour cause résilier de cette location, celui qui le prétend, est tenu en avertir l'autre trois mois auparavant, autrement tiendra la Ferme contre le Défaillant.

XXI.

Un Conducteur, soit de maison, ou autres héritages, ne peut louer la maison ou héritage à autre qui soit préjudiciable ou dommageable au Seigneur, ou à la chose, plus que le conducteur principal, si ce n'est du consentement du Propriétaire.

XXII.

En tous Baux à ferme, de Cenfes &
Métairies, Ufuines, Droits Seigneuriaux, & autres chofes femblables, faits
à outrée ou enchere publique, il y a
réguliérement Tiercement, Moitiément, & Croifement, qui doivent
être faits dedans quarante jours, à
prendre du jour de l'outrée premiere
& principale, paffez lefquels, demeure
ladite enchere échuë, n'étant plus perfonne reçuë à y mettre.

XXIII.

Ce qui aura lieu auffi en Baux à Ferme de fruits pendans par la racine, &
dixmages, finon qu'il eft befoin prendre le jour de la premiere outrée, pour
le moins quarante jours avant que les
fruits foient commencez de couper.

XXIV.

Et fe prend ledit Tiercement fur la
fomme premiere & principale de l'enchere; le Moitiément fur l'une & l'autre joints enfemble; le Croifement eft
de chacun dix, un: Comme pour
exemple, fi la mife de l'enchere eft de
vingt francs, le Tiercement fera de dix,
le Moitiément de trente, & le Croifement de fix, qui font en fomme une &
totale de foixante-fix.

XXV.

Baux, Admodiations ou Laix, quels

G ij

ils foient, folennellement faits & paffez par Procureurs fuffifamment fondez, ne peuvent être révoquez par le Confti-tuant, au préjudice de Preneurs.

XXVI.

Les Admodiations, ou Baux à Fer-me, faits à peu d'années, font cenfez être de nature de Meubles aux Admo-diateurs, & obligent les Héritiers mo-biliaires des Conducteurs défunts, de les tenir & y perfifter.

XXVII.

Un Acquêteur régulierement n'eft tenu efter à louage fait par fon Ven-deur; un jeune Fils, à celui qu'en fon nom aura été fait, ou lui-même aura fait avant fon Mariage; non plus que le Mary à celui que fa Femme avant leur Mariage aura fait, étant icelle Veuve; ou fi jeune Fille conftituée fous Tutelle, aura été fait en fon nom; & l'Héritier à celui qui aura été fait par fon Prédéceffeur; qu'eft-ce qu'on dit communément, *Mariage, Mort & Ven-dage, defaire tout louage.*

XXVIII.

Ce que toutefois s'entend pour l'é-gard des Laiffeurs, non des Renteurs; & pourvû que lefdites louages ne foient faits à plus de douze années; autre-ment s'ils fe trouvent avoir été faits à plus longues années que de douze,

font les Succeffeurs tenus de les conti-
nuèr felon qu'ils font faits par leurs
Prédéceffeurs, fi d'ailleurs ils n'ont caufe
de ne les approuver, & y confentir.

X X I X.

Auffi, fi à l'entrée avoit été donnée
outre la penfion convenuë, une fomme certaine pour un coup, advenant
le réfiliment du Succeffeur, feroit tenu
reftituer icelle, à la proportion & au
prorata des années reftantes.

X X X.

Dépofitaires fommez de rendre la
chofe par eux reçuë en dépôt, ne doivent avoir aucun délai ni répi; ains
s'ils font refufans de la rendre, en doit
la Caufe être fommairement traitée, &
à jours extraordinaires, fans appel; fi
ce n'eft en définitive, ou d'incident non
réparable en icelle. De même doivent
être traitez Courratiers, & autres Perfonnes commifes pour vendre marchan-
difes, ou autres Meubles, pour la
reftitution d'iceux, ou du prix, & à ce
défaut y être contraints par emprifon-
nement de leurs perfonnes, fi autrement ils font de convention difficile,
ou de peu de moyens à les recouvrer
fur eux.

X X X I.

Celui qui tient Biens à titre d'Em-
phiteofe, foit de l'Eglife, ou du Sei-

gneur temporel , eſt tenu de payer ſa
penſion annuelle qu'il en doit , encore
qu'il n'en ſoit aucunement interpellé
par le Seigneur direct ; & s'il ceſſe par
trois ans continuels de ſatisfaire , il eſt
privable de la choſe ; ſi ce n'eſt qu'étant
nouveau Succeſſeur , il ait cauſe d'ignorance probable , ou autrement ait autre
excuſe & exoine légitime , auquel cas
n'en ſera privable , que préalablement
interpellé il n'ait continué ſa demeure ,
ou celle de ſon Prédeceſſeur.

XXXII.

Si ce n'eſt à titre d'Emphiteoſe , dont
il conſte , ains d'Aſcenſement , ou de
Laix à longues années : encore eſt le
Cenſier ou Tenementier , obligé à la
ſatisfaction du cens ou de la penſion.
Et ſi ayant ceſſé par trois ans , & depuis
interpellé d'y ſatisfaire , il en eſt refu-
ſant ; de ce fait , il ſe rend privable de
la choſe aſcenſée ; ſoit que par exprès il
ſoit porté au Contract cenſuel , ou en
celui du Laix , ou non.

COUTUMES NOUVELLES
du même Titre.

DES CONVENTIONS ET MARCHEZ.

ARTICLE PREMIER.

ACquiſition des Biens immeubles
faite à faculté de réachat , ſoit que

le temps du réachat dure, ou foit expiré, eft cenfée Acquêt, & affeêtée aux
Héritiers immobiliaires.

II.

Entre Roturiers, outre la prife de
poffeffion réelle & de fait (qui eft néceffaire) faut de plus publier ladite poffeffion, à l'Eglife de la Paroiffe du lieu
où la chofe vendue eft affife, par trois
Dimanches fubféquens.

III.

Indiftinêtement Succeffeurs Eccléfiaftiques ne font tenus au rembourfement de deniers avancez d'entrée, ny à
continuer les Amodiations faites par
leurs prédéceffeurs à plus longues années que de neuf ans : Et ne font obligez du fait de leurs Prédéceffeurs, n'é-
toit que les chofes fe trouvent conver-
ties au profit évident de l'Eglife par
bonne & préalable connoiffance de
caufe, & avec le confentement des
Chapitres & Supérieurs.

TITRE XIII.
DES RETRAITS LIGNAGERS
& Conventionnels.

ARTICLE PREMIER.

SI une perfonne vend ou donne en
payement fon Bien foncier de Ligne, ou lui eft vendu à droit de Ville

G iiij

par autorité de Justice, son Lignager
du côté d'où meut ledit Héritage, est
recevable à le retirer dedans l'an & jour
du Vendage passé, ou du parachéve-
ment dudit droit de Ville, & Adjudication d'icelui, lorsqu'il y a contredits
ou oppositions, en rendant à l'Acquêteur, Adjudicataire ou Enchérisseur,
les deniers vrayment déboursez, frais
& loyaux coûts, & peut le Retrayant
s'adresser à l'Acheteur ou au Possesseur
de l'Héritage qu'il prétend retraire.

II.

Si telle vendition a été faite d'Aquêts
auparavant faits par le Vendeur, les Lignagers d'un côté & d'autre sont reçûs
à la Retraite ; & au défaut que ceux de
l'un de ses Lignes ne s'y présentent,
ceux de l'autre y sont recevables pour
le tout.　### III.

De même s'il y a du Vendeur plusieurs Lignagers en pareil degré ou
droit présomptif de lui pouvoir succéder (le cas en avenant) ils y sont tous
également recevables, pourvû qu'ils
viennent dedans l'an & jour. Que si
aucun d'iceux ayant devancé les autres,
avoit jà reçû le créant de lad. Retraite,
est tenu en repartir ses Co-lignagers,
chacun pour sa cotte, en se rembour-
sant des deniers par lui fournis au *prorata*. Et au défaut que tels plus habiles

ne viennent à ladite Retraite, ils font
lieux & place aux autres plus éloignez,
& moins habiles. Toutefois fi à aucuns
d'iceux étant jà le créant de la Retraite
paſſé par l'Acquêteur, autre des premiers capables ſe préſente avant ledit
temps inclû & paſſé, il peut le retraire
des mains dudit premier Retrayant,
comme il l'eut pû faire de l'Acquêteur
premier, & s'adreſſer pour ce auquel
que mieux lui plaira.

I V.

Et non-ſeulement des Biens proprement Immeubles, qui font aliénez par
pur vendage, y a-t'il Retraite ; mais
s'ils font laiſſez à penſion, ou aſcenſez
à cens ou rente annuelle, foit rachetab-
ble ou non, perpétuelle ou à réachat,
les Lignagers peuvent dedans ledit
tems les avoir par Retraite, en ſatisfai-
ſant à la rente, & aux autres charges &
conditions deſquelles le Preneur originaire étoit chargé ; même aux impen-
ſes des méliorations néceſſaires faites
par iceluy, fi aucunes il en a fait.

V.

Encore fi une Rente d'Argent,
Grains, Vins, ou autre eſpece ſemblable, eſt venduë à perpetuité, & non rachetable, eſt le Lignager recevable de
la retraite, en rendant à l'Acquêteur le
prix de fon achat ; & les loyaux coûts.

VI.

Toutefois n'a la Retraite lieu sur héritage donné par pure & vraie donation, ou échangée par échange fait but-à-but, & sans solte ou avec solte, ne revenant à la concurrence de la moitié de la valuë de la chose donnée; mais si telle sorte est excédent la moitié de ladite valuë, lors y aura Retraite pour le tout; & est tenu celuy qui a donné la solte, recevoir l'estimation de la chose par luy donnée en contr'échange avec ladite solte, si celuy qui l'aura reçu ne veut s'en départir, en lui rendant ladite estimation.

VII.

Et combien qu'en Echange fait purement & franchement il n'y ait Retraite; si toutefois Réachat se fait de l'Echange dedans l'an & jour, si qu'il y ait apparence de fraude, icelle vérifiée, soit par le serment des Contrahans (qui sont tenus en jurer) ou autrement, il ne laisse d'y avoir Retraite, non plus qu'en Echange fait d'immeubles contre Meubles.

VIII.

Si le vendage a été fait au Vendeur sous la faculté de Réachat, il n'est loisible aux Lignagers de venir au Retrait avant l'an & jour, depuis le Réachat expiré, pourvû que la faculté de Réa-

chat n'excéde le terme de vingt ans ; car
en ce cas le Lignager pourra venir à Retraite dedans l'an & jour du vendage,
ou au bout defdits vingt ans ; à la charge néanmoins dudit Réachat, les années
de la faculté d'iceluy durantes.

IX.

Que fi avant lefd. vingt ans expirez,
& Retraite non encore faite, le Vendeur y renonçoit au profit du premier
Acheteur ou autre, en ce cas fera le
Ceffionaire obligé de faire incontinent
publier la poffeffion qu'il en aura prife,
par le Sergent du lieu, à l'iffue de la
Meffe Paroiffiale de la Mere-Eglife, ou
des lieux où y a Annexe, par trois Dimanches fubféquens. Et en tous cas
avant l'an & jour expiré de la poffeffion
ne fe peut perdre le droit du Retrait lignager. ### X.

Si par un même Contract fe trouvent
plufieurs piéces venduës, aucune defquelles foient de l'Ancien du Vendeur,
autres de fon Acquêt, ou toutes de
l'Ancien, & partie de l'une de fes lignes, partie de l'autre ; le Lignager de
chacune ligne venant à retraire ce qui
meut de la fienne, y eft recevable, en
rembourfant au *prorata* les prix, &
loyaux coufts, diftribution d'iceux faite à l'arbitrage du Juge fur chacun ap-
portionnement à ce qu'il emportera

defdites pieces. S'il ne s'en préfente que
d'une, fi eft iceluy recevable au tout,
en offrant le rembourfement du prix entier ; & comme il y eft recevable, auffi
ne peut-il féparément prétendre ce qui
meut de fa ligne, & laiffer le furplus,
ou faire le Retrait divifément d'une
partie, & non de l'autre, fi ce n'eft du
gré de l'Acheteur, des mains duquel
fe fait la Retraite.

X I.

Le Lignager eft tenu de rembourfer
l'Acheteur des impenfes & mifes faites
aux réparations & labourages néceffaires de l'héritage, pourvû qu'il en conf-
te ; mais ne doit autrement ledit Acquêteur durant le temps du Retrait (fi
ce n'eft par autorité de Juftice expreffe
à certaine occafion occurrente) changer ou altérer la nature & qualité de
l'Héritage vendu, ou y faire bâtimens
& réfections non néceffaires ; autrement fe met au hazard d'en demeurer
fans reftitution ; voire ne peut faire ré-
colte ou levée des fruits en autre temps
qu'il n'eft accoûtumé, foit par pefches
d'Etangs, abbatis & coupe d'Arbres,
Bois ou autrement ; & s'il le fait, &
l'héritage retrait fe trouve à tel moyen
avoir été détérioré ou amoindri, foit
en fonds, foit en profit ou revenu, il fe
rend non feulement fujet à la reftitu-

tion de ce qu'il aura ainſi hors temps
pris & levé, mais aux dommages & intérêts du Retrayant.

XII.

Si l'Acheteur, auquel auront été offerts le prix & loyauts-coûts de ſon
Achat par le Retrayant, en ſait refus, &
convenu perd ſa cauſe; il eſt tenu à la
reſtitution des fruits, apports & profits
de l'Héritage acquêté, du jour de la
conſignation actuellement faite , &
laiſſée ès mains de Juſtice ; les impen-
ſès de la ſemence, culture & labourage
d'iceluy préalablement déduites à l'arbitrage du Juge ; mais fait ledit Acheteur les fruits ſiens indiſtinctement du
temps écoulé auparavant ladite conſignation, au *prorata* d'iceluy.

XIII.

Encore que l'héritage ſoit vendu à un
des Lignagers du Vendeur, & en la ligne
& eſtoquage d'où meût ledit héritage,
ſi toutefois il ne lui eſt parent, de qualité
telle, qu'avenant ſon décès *ab inteſtat*,
il peut luy ſuccéder audit Bien vendu,
les autres Parens capables à y ſuccéder,
ſoient plus proches en degré, ou plus
remots par repréſentation, ſont recevables contre ledit Acheteur, de retraire
de luy la choſe venduë.

XIV.

Encore que l'Acquêteur ſoit parent

au Vendeur du côté d'où l'héritage vendu est parti, est capable d'y succéder :
toutefois est tenu de recevoir les autres
de pareil degré au Retrait, & leur repartir son Acquêt selon leur contingent.

XV.

Lignager ne peut vendre son droit de
Retraite, ny le poursuivre en intention
de remettre l'héritage en mains d'autre, encore qu'à ce moyen il fasse sa
condition meilleure ; ains est tenu (en
étant requis) se purger par serment, que
ce soit pour lui, & sans fraude.

XVI.

Si l'héritage retrait, depuis la Retraite est vendu par le Retrayant dans l'an
& jour, les Lignagers d'icelui, du côté
d'où meut originairement ledit héritage, sont recevables à le retirer, encore
qu'il soit advenu au Vendeur par Retrait.

XVII.

L'Acheteur ny le Vendeur ne peuvent dans l'an & jour du Retrait, faire
chose par ensemble, ny autrement, qui
puisse apporter préjudice au droit du
Lignager en la Retraite, & qu'il ne
puisse retraire l'héritage vendu pour le
même prix qu'il a été vendu la premiere fois, encore qu'il se trouve depuis
vendu ou autrement aliéné à plus haut
prix, n'étoit qu'avant la possession &
jouïssance réelle de l'Acquêteur en la

chofe venduë, le Contract fut entr'eux
fans fraude réfolu.

XVIII.

Le Lignager prétendant venir à Retraite, eſt tenu d'offrir à l'Acheteur,
deniers au découvert, ou à ſa Femme
(s'ils ſe trouvent au domicile) ſi non
requérir & prendre Acte du devoir fait
par ledit Retrayant de s'être à cette fin
tranſporté au domicile dud. Acheteur ;
puis à leurs refus ou abſence, compter
& nombrer leſdits deniers en préfence
du Tabellion & de deux Témoins, les
conſigner en main de Juſtice, & faire
ajourner ledit Acquêteur dedans l'an
& jour à ſondit domicile ; & s'il eſt abſent, n'ayant aucun domicile, ès Bailliages de Nancy, Voſge & Allemagne,
en la perſonne du Détempteur de l'héritage retrayable, ou Entremetteur de
ſes affaires, à peine d'échéance de ſon
droit ; n'étoit pas exoine de force grande, ou autre légitime, les moyens &
accès de ce faire dedans ledit temps lui
fuſſent ôtez ; n'eſt toutefois néceſſaire
que le jour de l'Aſſignation échet dedans
l'an & jour, ſuffit que l'ajournement y
ſoit fait.

XIX.

Si par un feul & même Contract il y
a pluſieurs Piéces & Biens vendus, qui
ſoient ſituez ſous diyers Bailliages de

ceux de Nancy, Vofge & Allemagne,
le Retrayant devra faire fes offres de
deniers, confeing, ajournement &
pourfuites pour le tout, en icelui où
l'Acheteur fera réfidant, felon les Us,
Stiles & Ufages d'icelui; fi non, & il
eft demeurant en autre Province, hors
l'un & l'autre, en celui fous lequel la
plûpart des Biens vendus, où la Piéce
principale fera affife, en obtenant pour
l'exécution du Jugement, *Pareatis* pour
les Biens fituez fous les autres.

X X.

Si lefdits Biens font affis fous un même Bailliage, néanmoins en divers
lieux, & fous Juftices appartenantes à
divers Seigneurs, par-devant le Siége
du Bailliage en premiere inftance, &
de là par Reffort au Droit de l'Hôtel:
mais s'ils ne font affis que fous une même Seigneurie, la Retraite doit être
pourfuivie par-devant la Juftice du lieu.

X X I.

L'an & jour court indiftinctement
contre perfonnes privilégiées & non-
privilégiées, fçachans ou ignorans, mineurs, abfens, furieux, & tous autres;
& s'entend en telle forte, qu'étant la
poffeffion prife le premier jour du
mois, les offres de deniers, confeing
& ajournement doivent être faits dedans le même jour du mois de l'an ré-
volu

volu de ladite poſſeſſion priſe par tout
icelui juſqu'au ſoleil couché.

XXII.

Et pour ce qu'il advient ſouvent, que
pour faire fraude aux Lignagers, les
Contrahans paſſent leurs marchez ſi ſe-
crettement, qu'il eſt mal-aiſé de découvrir certainement le prix, charges &
conditions d'iceux ; en ce cas offrant le
Lignager ſomme vrai-ſemblablement
équivalente ou approchante à la juſte
eſtimation de la choſe, avec préſenta-
tion d'accomplir & parfaire celle pour
laquelle le vendage aura été fait, ſi
pour plus a été fait, & de ſatisfaire
aux frais & loyaux couts ; & d'affirmer
en Juſtice qu'il ne lui a été autrement
poſſible de ſçavoir le prix & charges
de la vendition, ou en retirer ſi elle ex-
cede, eſt hors de danger de méprendre.

XXIII.

Si en fraude du Lignager, les Acheteurs ou vendeurs ont au Contract de
vendition fait écrire, ou autrement
maintiennent le Marché avoir été fait
pour ſomme de deniers plus grande
que vraiment ledit Acheteur n'en a
payé & débourſé ; n'eſt le Retrayant
tenu de ſatisfaire plus avant que le
prix convenu ſans feinte, dont leſdits
Contrahans ſont tenus ſe purger par
ſerment.

H

XXIV.

Héritage retiré à droit de Retrait Lignager, prend & fortit nature d'Acquifition au Retrayant, fi c'eft à droit de Retrait conventionnel de chofe purement engagée, ou par vertu de faculté de réachat accordée aux Vendeurs, il retient fa qualité & nature premiere.

XXV.

De bien vendu au tien d'autruy fous charge de promeffe de ratification, l'an & jour ne court au préjudice du Lignager; finon du jour de la prife de poffeffion. XXVI.

En ventes de meubles, & chofes de cette qualité, n'y échet Retrait Lignager. XXVII.

Si pendant l'an du Retrait Lignager celuy qui a vendu, ou autrement aliéné, vient à décéder, le Lignager lui fuccédant n'eft par ce empêché de pouvoir retraire la chofe venduë, fous prétexte qu'il foit tenu des faits, promeffes & obligations dudit vendeur.

XXVIII.

En Seigneuries & Terres de Fief (entre Gentils hommes) tant qu'il y a mâles qui veulent retraire, les femelles n'y font reçues en pareil degré: mais au défaut d'iceux, ou qu'ils ne fe mettent en devoir de pourfuivre la Retraite, elles y peuvent venir.

XXIX.

Si de plusieurs Lignagers, tous également capables à retraire la chose venduë, aucun, ou aucuns, ont mené le
Procès contre l'Acquêteur refusant ; &
icelui fini, les autres dedans le même
an & jour du Retrait en requierent être
reparties à leur cotte, n'y seront recevables qu'ils n'ayent dédommagé leur
Co-lignager par remboursement des
frais exposez à la poursuite, ou autrement.

XXX.

Si entre plusieurs Lignagers, y a concurrence des uns contre les autres, &
debat sur la préference par eux diversement prétenduë au Retrait, ne sera
l'Acheteur (si bòn ne lui semble) tenu
de procéder contre aucun d'iceux séparément jusques après définition de cette
Cause.

XXXI.

Si toutefois l'Acheteur procéde de
volonté, & obtient gain de Cause contre aucuns des Lignagers, qui en telle
concurrence & débat de préference
viendroient à décheoir du droit prétendu contre leur lignager, le gain de
Cause ne lui pourra servir au préjudice
des Lignagers reconnus & admis au
Retrait.

XXXII.

En toutes venditions, Gageres & aue

tres aliénations , quelles elles foient ,
pour lefquelles ès lettres du même
Contract, ou par autre à part & féparé,
a été donné faculté de Réachat au
Vendeur ou Aliénant , à toutes fois
que bon lui.femblera ; telle faculté de
Réachat ne fe prefcrit jamais ; & dure
perpétuellement.

XXXIII.

Rente d'Argent, Grain , Vins , ou
autres femblables efpeces conftituées
& vendues à prix d'argent , fous obligation ou hypotéque d'Immeubles ,
foient générales ou fpéciales , ores
qu'elles foient faites & conftituées
fimplement & indefiniment , fans aucune referve expreffe de Réachat , ny
limitation de temps certain , font de
foi néanmoins réachetables à toujours.

❊❊❊❊❊❊❊❊❊❊❊❊❊❊❊❊❊❊❊❊❊❊❊❊

TITRE XIV.
DES SERVITUDES.
ARTICLE PREMIER.

IL eft en la faculté d'un chacun de
pouvoir dreffer vuë en fa maifon ;
pourvu que le regard foit fur foi ; &
n'y eut-il héritage plus que pour le
tour du ventillon entier ou brifé ; mais
auffi n'eft par ce le Voifin empêché de
pouvoir bâtir fur fon héritage , au préjudice de telle vuë, laiffant la place du-

dit tour libre ; fi ce n'eft que le Proprietaire du fonds fur lequel elle eft bâtie ,
fafſe preuve avoir droit contre ſon voiſin , qu'il ne puiſſe empêcher à telle vuë.

I I.

Droit de vuë fur la maiſon du voiſin ,
au-deſſous du toit , ſe preſcrit par trente
ans ; fi elle eft au-deſſus , ne peut empêcher qu'il ne ſoit loiſible au voiſin hauſſer
au préjudice d'icelle , & y fut-elle de
tant de temps , qu'il ne fut mémoire
du commencement , n'étoit que par tî-
tre ou autrement , il apparut à ſuffiſan-
ce qu'elle y fut par droit de Servitude.

I I I.

Si en un Mur mitoyen & parçonnier , y en a quelques endroits fenêtra-
ges prenans vuë & regard fur le voiſin ,
& dont l'autre voiſin ait jouï par trente
ans , il jouïra en cet endroit de ladite
vuë ; mais jà pour ce n'aura-t'il ce droit
indiſtinctement par tous tels endroits
de ladite muraille que bon lui ſemble-
ra ; ains ſera obligé de tenir les fenêtres qu'il a , barrées de fers dormans &
arrêtez.   I V.

Egouts ni autres Servitudes par Actes occultes & latens , non connus au
Voiſin , ne ſe peuvent preſcrire par quel
laps de temps que ce ſoit. Si les Acte
& la jouiſſance lui en ſont patens &
connus , peuvent être preſcrits par tren-

te ans en la forme dont son Voisin se
trouvera en avoir joui.

V.

Si de plusieurs voisins l'un veut bâtir,
pour mieux ou plus commodément se
loger, il lui est loisible de contraindre
par Justice ses voisins de contribuer
aux frais de la réparation des Murs
communs qui se trouvent pendans &
corrompus, à telle hauteur qu'ils sont
pour lors, selon que par visitation d'Ex-
perts, convenus & adjurez par Justice,
ils se trouvent pendans & corrompus :
mais s'il veut les rehausser plus qu'à
leur hauteur premiere, faire le doit à
ses frais ; en y faisant faire, pour témoignage de ce, Fenêtres de Maçonnerie
de la hauteur de cinq quarts de pied,
& de large un tiers en la partie de son
voisin, & de son côté selon que bon
lui semble, pour montrer que c'est
pour lui & à son œuvre qu'elles y sont
mises, & lui servent de Témoins. Est
toutefois par après tenu les étouper, si
le voisin voulant se servir de ladite re-
hausse, offre contribuer aux frais.

V I.

Et s'il avient qu'au refus ou demeure
de ses voisins & Parçonniers, il fasse
réparer lesdits Murs à ses frais, ils lui
demeurent tellement propres, que ses-
dits Parçonniers ne peuvent y mettre

ni appuyer, ou autrement s'en fervir, qu'ils ne reftituent chacun à leur avenant, les frais de la réparation, que l'on dit en terme commun, *Payer la mife*. Si toutefois lefdits Murs en l'état qu'ils font, fe trouvent fuffifans (n'étoit la charge nouvelle du Bâtiment neuf) ne font en ce cas lefdits Parçonniers tenus y contribuer, & ne délaifferont pour ce lefdits Murs de leur demeurer communs, en telle hauteur & étenduë qu'ils étoient auparavant.

VII.

Peuvent auffi les Voifins & Parçonniers de tel mur mitoyen, icelui percer tout outre, & y faire trous pour y affeoir fommiers, chevrons, efcoinçons de pierres & autres matériaux fervans à leurs édifices, en rebouchant les trous : ye quand aucun fait édifier ou réparer fon héritage ; fon voifin eft tenu lui fouffrir patience à ce faire, en faifant incontinent réparer par celui qui a bâti, ce qu'il aura démoli audit voifin, & le faifant avertir avant aucune chofe démolir, pour obvier qu'il n'en reçoive dommage, à peine de foixante fols pour amende, & de dommages & intérêts. N'eft toutefois permis aucunement de mettre bois, ni faire Armoires en tel mur mitoyen, à l'endroit des Fours ou Cheminées.

VIII.

Est loisible néanmoins y dresser cheminées, & creuser pour le contrefeu d'icelles, jusqu'au tiers du mur ; même appuyer les regots d'icelle d'outre en outre : non toutefois les sommiers, & autres charges de bois, qui ne doivent outrepasser la moitié de ladite Muraille.

IX.

L'un des Parçonniers généralement, n'y peut, non plus qu'en toutes autres choses communes, faire œuvre aucun qui puisse causer détérioration de la chose commune, ou apporter préjudice au Co-seigneur d'icelle.

X.

Si le voisin fait sur son héritage propre, Privez, Ordes Fosses, Fours, Fumiers & Egouts, doit faire entre iceux & le Mur mitoyen, un autre mur, si bon & suffisant, que par tels édifices la chose commune ne puisse recevoir détérioration, soit de feu, pourriture, ou autrement ; & s'il y fait Puits ou Citerne, il doit laisser ledit mur franc & entier.

XI.

De même celuy qui pour avoir sa maison en assiette plus haute que celle de son voisin ; a de la terrasse contre la muraille separative de l'une & de l'autre des deux maisons, doit y faire contre
tre

tre mur, ou autre telle défenſe, que par la fraîcheur de ladite terraſſe, la muraille mitoyenne ne vienne à recevoir déterioration.

XII.

On ne doit faire ny dreſſer Privez, Egoûts d'eau de Cuiſine, & autres ſemblables immondices, proche le Puits de ſon voiſin, qu'il n'y ait huit pieds de diſtance entre deux, & y ſoit fait contre-mur de chaux & de ſable, avec Conroy auſſi bas que les fondemens des Foſſez & Egoûts.

XIII.

Foſſé fait entre deux héritages, eſt cenſé être à celui du côté duquel eſt le jet de la terre vuidée, & commun s'il ſe trouve de part & d'autre, où n'y a apparence de découvrir de quel côté en a été fait le jet : & s'il y a Haye aſſiſe ſur ledit Foſſé, & ledit Foſſé & la Haye ſont à celui du côté duquel eſt le jet de la terre.

XIV.

Sont auſſi tous murs, hayes & clôtures entre voiſins, cenſées communes, s'il n'y a titres, bornes, marques ou enſeignemens témoignans par Art de Maçonnerie, ou uſage, le contraire ; & eſt chacun voiſin pour ſa cotte tenu de clorre contre ſon voiſin, de clôture convenable, & ſemblable à l'ancienne,

I

ſi ce n'eſt que tous deux ſoient d'accord de changement.

X V.

Il eſt à la liberté d'un chacun édifier ſur la place, ſi haut que bon lui ſemble ; & ſi en, ou ſur le mur ou toiture de ſon voiſin, y a quelques ſommiers, chevrons, ou autres choſes avançantes ou pendantes ſur ladite place de ſon voiſin, qui empêche de telle rehauſſe ; eſt ledit voiſin ſujet de les retirer à l'allignement & plomb du pied de ſon mur, quel eſpace de temps y ayent leſdites choſes demeurées pendantes ou avançantes ; n'étoit que cela ſe vérifie autrefois avoir été ainſi accordé par convention, & à droit de ſervitude expreſſe.

X V I.

Si murs, parois, ou autres ſéparations communes, menacent ruine, peuvent être les Proprietaires d'icelles, à l'interpellation des voiſins, contraints la refaire à leurs dépens ; ſi ce n'eſt que cette ruine ſoit avenuë par la faute de l'un d'iceux ; auquel cas y ſera ſeul tenu, & au dommage des voiſins.

X V I I.

Si par Polices publiques, quelques Réparations ont été ordonnées en public ou particulier ; & celui ou ceux qui à cauſe de leurs maiſons ou héritages, en ſeront chargez, ne ſatisfont après duë interpellation de ce faire ; les loyers defdites maifons, ou fruits des héritages peuvent être arrêtez, & employez aufdites réparations.

XVIII.

De même, fi en chofes communes, échéent réparations néceffaires, icelles connuës & ordonnées par autorité de Juftice ; après vifitation faite à requête d'un des Parçonniers, aucuns des autres fe trouvent refufans y contribuer à leur cotte ; peuvent les loyers de la chofe, ou fruits en dépendans, être arrêtez, faifis, & employez aufdites réparations.

XIX.

Si une perfonne ayant édifié un mur fur un fonds, fon voifin veut par après édifier, & fe fervir dudit mur, faire le peut, en payant promptement, & avant s'en fervir, la moitié & du fonds & du mur ; n'étoit qu'interpellé au préalable par le voifin de fournir de fon fonds, il fe trouvât en avoir été refufant : ne fera toutefois le premier Bâtiffeur tenu retirer fes cheminées ny marriens.

XX.

Si fur mur mitoyen ou parçonnier font pofez échenets & chanlattes communes à recevoir les eaux de deux maifons joignantes, & il advient que l'un des voifins veuille hauffer le mur ; fera l'autre tenu de retirer la chanlatte fur lui pour le port des eaux de fon bâti-ment. Si toutefois par après bon lui femble rebâtir à l'égal de fon voifin, faire le pourra, & là rapporter ladite chanlatte fur le mur, qui fera commun comme auparavant, en payant la dé-penfe de ladite rehauffe.

XXI.

Celui auquel appartient un mur fans moyen, joignant à l'héritage d'autruy, ne peut de nouveau en façon que ce foit, non plus qu'en un commun, y pofer fenêtres prenant jour & afpect fur l'héritage de fon voifin : bien peut-il en mettre de borgnes & aveugles, avec battes, pour témoignage que le mur lui eft propre.

XXII.

Qui bâtiffant contre un voifin, fait caver de nouveau, ou profonder plus bas, qu'auparavant, il doit faire à fes frais retenir le bâtiment de fon voifin, & faire les fondemens ou rempietre-mens fi fuffifans qu'il n'en reçoive au-cuns inconvéniens, à peine de tous dommages & intérêts.

XXIII.

Aucun, pour aller, venir, paffer, re-paffer, ou mener fon bétail vain-pâtu-rer en l'héritage d'autrui, lorfqu'il n'eft en garde ou défenfe, n'acquiert droit

ni possession de servitude de passage ou
vain-pâturage, & n'empêche que le
Seigneur ce nonobstant n'en puisse faire profit, si ce n'est qu'il conste de titre,
ou que depuis la contradiction du Seigneur, il y eut prescription de trente
ans.

XXIV.

Par quel temps un héritage joignant
à cours, jardins & autres héritages fermez, ait demeuré ouvert au vain-pâturage du bétail en temps non défendu,
n'est par ce le Seigneur du fond empêché
de le fermer pour son bien plus grand,
quand bon lui semblera.

XXV.

Si quelqu'un, ou plusieurs, ayans en
la Ville ou Village, maison réduite en
mazure, ou menaçant ruine évidente
au préjudice des comparçonniers ou
voisins, reçoivent interpellation d'iceux
de rebâtir, seront tenus de la rebâtir,
ou faire abattre, ou autrement remettre
en tel état que les voisins ou Comparçonniers n'en puissent recevoir préjudice.

✕✕✕✕✕✕✕✕✕✕✕✕✕✕✕✕✕✕✕✕✕✕✕✕✕✕✕✕

TITRE XV.

DES BOIS, FORESTS, RIVIERES,
*Pâturages, Pâquis, & autres Usages
Communaux, Prises de Bêtes en méfus
par échapée, & à gardes faites.*

ARTICLE PREMIER.

D'Usage commun, les habitans en
divers villages desquels les bans &
finages sont joignans, soient de mêmes
ou diverses Justices, peuvent par droit
de Parcours, réguliérement envoyer
les troupeaux de leurs bêtes pâturer &
champoyer ès lieux de vaine-pâture, à
l'écart de Clocher à autre, s'il y a Eglise ;
& s'il n'y en a, jusques à l'écart du milieu
des villages ; si ce n'est qu'en aucuns lieux
il y ait de titres, ou d'usage particulier,
autres bornes ou arrêts que lesdits clo-
chers, & milieu de village.

II.

Mais ne peuvent aller ou envoyer en
lieu, ou pour aller ou envoyer il soit
de necessité au bétail passer du lieu de
sa gîte sur un ban ou finage moyen au
leur, & à celui auquel ils prétendent
passer, que l'on dit en terme commun,
Transfiner, à peine de cinq sols par chacune bête y trouvée de jour, soit à garde faite ou par échapée : si nuitamment
& par échapée, de cinq sols ; si à garde

faite, de confiscation ; & ce en quel
temps & saison que ce soit, s'il n'y a
usage approuvé au contraire.

I I I.

Vaine-pâture s'entend en chemins,
prairies dépouillées après la premiere
ou seconde faulx ; terres en friche, Bois
& autres héritages non ensemencez &
ouverts, excepté en temps que par coûtume & usage des lieux, ils sont en défense ; & que en quel temps & saison
que ce soit, on ne doit faire vain-pâtu-
rer les porcs esdites prairies, ny ès lieux
où il n'y a vaine-pâture d'ancienneté.

I V.

En Vignes indistinctement, n'y a &
n'échet usage de pâture, ains en tout
temps sont toutes bêtes y reprises,
amendables de cinq sols pour chacune
bête, outre la satisfaction de l'intérêt.

V.

Les Prez sont en défense depuis la
Notre-Dame en Mars jusques après la
Faulx ; & le bétail y més-usant du jour,
est gageable à cinq sols d'amende pour
tête, & restitution du dommage : pris
nuitamment & à garde faite, est con-
fisqué.

V I.

Le temps de Paisson & de grainer ès
Forêts, Bois de Haute-futaye, & Taillis, dure depuis la Fête de Notre-Dame

de Septembre jufqu'au jour de S. André, & le recours depuis la S. André jufqu'à la S. George.

VII.

Le Bois-taillis eft en défenfe jufqu'à ce que le rejet foit de cinq feuilles, s'il n'y a Chartres, Réglement, ou ufage approuvé au contraire, ou que de la fertilité ou ftérilité des lieux il foit plus tôt ou plus tard défenfable contre les bêres, à l'arbitrage de Juftice, fi difpute en échet.

VIII.

Toutefois doivent être les coupes defdits Bois - taillis tellement faites & réglées, qu'aux Ufagers y ayans la vaine-pâture, ne foit par icelle indirectement l'accès ôté au furplus de ce qui eft de recrû & défenfable.

IX.

Durant lequel temps de grainer & de recours, on ne doit mener porcs ny autre bétail en Bois de Paiffons, fans le confentement des Seigneurs, ou Fermiers de la Glandée : & fi aucuns y font trouvez au contraire, font confifcables.

X.

On ne peut mettre ban aux fruits des arbres affis en lieu ou champs ouverts ; mais le ban rompu, les fruits fauvages font communs à tous les habitans du ban indifféremment.

XI.

Messiers & Banvars jurez à la garde des fruits d'arbres, ou ensemencez & pendans sur terre, sont crûs des reprises faites par eux de jour ou de nuit par échapée, ou de garde faite; & est l'amende desdites reprises & échapées, de cinq sols pour chacune bête, outre le dommage, selon qu'il sera rapporté par Justice : Et peut un chacun valablement faire telles reprises sur le sien pendant la saison des fruits, en les soûtenant par serment solemnel ; même tous autres pendant ledit temps y sont reçus, pourvu qu'incontinent ils représentent la personne ou le bétail trouvés més-usant, en Justice, & que duëment il en conste ou par serment de Parties à autre, ou d'un Témoin digne de foi avec lui.

XII.

Et pour ce qu'il advient souvent que ceux qui sont endommagez, découvrans qu'ils sont apperçus, prennent la fuite, s'ils sont suivis promptement, ou rencontrez, le Repreneur est semblablement cru de sa fuite ou rencontre, & en vaut le rapport, comme si la reprise avoit été exploitée réellement & de fait.

XIII.

De même que lesdits Messiers, sont

les Porteurs de Paux ès dîmes, crûs, sauf pour la peine extraordinaire de Faux-dîmages, pour laquelle est besoin le rapport du Porteur de Paux être accompagné du témoignage d'un tiers avec lui, ou autre preuve plus grande que de son seul rapport.

XIV.

Si durant le temps des fruits & chatels sur terre, aucun est repris en mésus, il doit (outre l'amende) le dommage qui se trouve avoir été fait ès fruits de l'héritage auquel il aura été repris, sans être recevable à exciper que cela n'a été fait par son bétail, mais par autre non y repris, ou rapportez auparavant ou depuis, sauf à lui d'en faire séparément la poursuite & la preuve.

XV.

En quelle saison que ce soit, on ne doit charroyer par prez, à peine de soixante sols d'amende, au temps qu'ils sont en garde de défense; & de cinq sols hors ledit temps, pour chacun char ou charrette.

XVI.

Si quelqu'un est trouvé avoir labouré, planté paux, hayes, pierres, ou autrement usurpé sur hauts-chemins, est amendable arbitrairement selon la qualité de l'entreprise & usurpation; outre la confiscation des choses y enfe-

mencées, mifes ou plantées ; fi fur chemins de Villes, fentiers, ou autres
communs, de foixante fols ; & pour
chacun paux, tronc, ou pierre qu'il y
aura mis ou planté, de cinq fols, outre
femblable confifcation que deffus.

XVII.

Ufagers ayans droit de prendre bois
de Maronage pour leurs bâtimens, ou
bois pour leurs affouages ou fourna-
ges, doivent ufer de ce droit en bons
Peres de famille, & le prendre par affignal, felon le réglement qui leur en
fera donné par le Seigneur Haut-Jufticier entre fes Sujets, ou le Seigneur
Foncier entre ceux qui tiennent Bois
en ufage de lui par afcenfement, rede-
vance ou reconnoiffance fuffifante, ou
qui a droit de prendre ès Bois les amendes & confifcations.

XVIII.

Et fera le Réglement tel que l'Ufager ufera de Bois-mort, ou Mort-bois,
avant tous autres.

XIX.

Bois-mort, eft Bois fec, debout ou
gifant ; & l'Ufager d'icelui le peut indifféremment prendre par-tout où il
fera trouvé ; tellement qu'il n'y échet
autre réglement, finon de prohiber audit Ufager d'en vendre ou diftribuer
hors le lieu dudit Ufage.

XX.

Le Mort-bois est comme Aulnes, Genêts, Epines, & autres bois ne portans fruits, autrement dit *Blanc-bois*: Et se doit régler tellement, que l'Usager ne le prenne à son choix indifféremment par-tout, ains par lisiéres, qui se marqueront, & esquelles (après qu'elles seront abattuës) on ne pourra couper qu'après certaine quantité d'années, propres à la recruë du Bois, selon la fertilité ou sterilité du lieu.

XXI.

Lequel Réglement s'observera semblablement ès Usages des Bois-taillis, soit pour chauffage de fours, ou affouages des maisons particulieres, soit pour échalats, liens, ramées, & autres telles commoditez; à ce que la recruë en soit ordinaire de douze ans ès lieux fertiles; & ès steriles, de dix-huit.

XXII.

Il y a aussi Réglement au Bois de Maronage: sçavoir, que celui qui a droit d'en prendre pour bâtir, n'en pourra couper & abattre, qu'il ne lui soit marqué & assigné.

XXIII.

Généralement ne peuvent les Usagers vendre ou distribuer du Bois de leurs Usages, ni autrement en user que pour leur propre, non plus que des herbes, fruits, ou autres chofes quelconques croiffantes efdits Bois.

XXIV.

La peine des més-ufans en ce Réglement, eft telle qu'elle a été ordonnée ès Gruries de SON ALTESSE; voire contre ceux qui pour le droit de leur Ufage font fondez non feulement en jouïffance & prefcription, mais en Titres ou Chartres, n'eft donc que l'amende foit déclarée expreffément autre que ladite Ordonnance, moindre ou plus grande.

XXV.

Auffi étant par l'Ufager, ou de fa part, l'affignal demandé pour bois de Maronage, on eft tenu le bailler dans vingt-quatre heures; à faute de quoi, pourra ledit Ufager en aller couper, ou faire couper, fans reprife.

XXVI.

Généralement la peine de tous repris més-ufans ès Bois, nuitamment avec char & chevaux, eft de la confifcation d'iceux; & ceux qui font en poffeffion de jouïr du même droit de confifcation contre les Forains ou Sujets més-ufans de jour, y feront maintenus, l'intérêt réfervé au Seigneur du fonds, s'il n'a part en la confifcation.

XXVII.

Réguliérement Ufagers ayans facul-

té de mettre nombre de porcs à la vaine-
pâture d'aucun Bois, n'y en peuvent
mettre d'autres, que pour la nourriture
de leurs maisons, à peine d'amende, &
de confiscation de ceux qui se trouveront n'être pour leur nourriture, au
profit du Seigneur Justicier, & de
dommages & intérêts au Proprietaire
desdits Bois, s'il n'y a autre peine à ce
particuliérement établie, ou que lesdits Usagers ayent titres, possession,
jouïssance, ou usages valables au contraire, d'y en pouvoir mettre indifféremment.

XXVIII.

Communautez ayans Bois, Pâquis,
Terres, & autres choses communiales,
à eux appartenantes, ne peuvent les
vendre, donner, échanger, ou autrement aliéner, ny changer leur nature,
sans l'aveu & consentement du Seigneur Haut-Justicier, à peine de nullité
de telles aliénations, d'amende arbitraire, & de confiscation des choses
aliénées ou changées : Et s'ils sont connus més-user d'icelles, ou en user autrement que bons Peres de famille,
peut ledit Seigneur y donner ou faire
donner réglement convenable, sauf
ausdites Communautez de se pourvoir
par Justice, si elles s'y sentent intéres-
sées.

XXIX.

Les Communautez ny les particuliers d'icelles, ne peuvent vendre ou louer leurs Embannies, ny autrement en ufer, que pour leur propre ufage, à la nourriture de leur bétail, & de celui qu'ils tiennent à laix, communément dit *à hôte*, & non d'autre, que frauduleufement, par prétexte d'achat ou louage fimulé, ils pourroient (toutefois au profit d'autruy) prendre & loger fous cette fuppofition ; & ce fous peine de confifcation dudit bétail, leur étant notifié cet Article fix femaines auparavant.

XXX.

Ceux qui ont droit de tenir troupeau à part, ne peuvent vendre leur vain-pâturage, pour y mettre autre troupeau que le leur propre ; le tout à peine de confifcation du bétail au Seigneur, & de la fatisfaction de l'intérêt aux Communautez.

XXXI.

Le Seigneur ayant droit de tenir troupeau, le peut admodier avec fa Terre ; mais il ne peut vendre le vain-pâturage, pour y mettre autre troupeau que le fien propre, ou celui de fon Admodiateur, fous peine de la fatisfaction de l'intérêt aux Communautez.

XXXII.

Arbres fauvages fruitiers, en ban &
lieu non fermé, ne peuvent être cou-
pez fans la permiffion du Seigneur
Haut-Jufticier, à peine de l'amende
de cinq francs.

XXXIII.

En Riviere d'autruy, nul ne peut
pefcher (s'il n'a droit ou ufage prefcrit
au contraire) fans la permiffion du Seigneur à qui appartient le droit de Pefche, à peine de l'amende à iceluy, s'il
a jurifdiction au lieu, ou eft en ufage
de la percevoir; fi non au Seigneur Juf-
ticier dudit lieu, dommages & intérêts du Seigneur Proprietaire de ladite
Pefche.

XXXIV.

Les Habitans des villes ou villages
privilégiez de pefcher en Riviere d'autruy, ne peuvent y pefcher qu'à la ligne
fans plomb, à la charpagne, à la petite
troüille & au fuplot, & pour leur dé-
fruit feulement.

XXXV.

Droit de pefcher en riviere ou ruif-
feau n'arguë Jurifdiction pour celuy à
qui il appartient, fi d'ailleurs il n'a droit,
ou eft en joüiffance d'icelle.

TITRE

TITRE XVI.
DES CENS, RENTES FONCIERES,
perpétuelles, ou à rachat, hypotéques,
& choses censées Meubles & Immeubles.

ARTICLE PREMIER.

L E Seigneur censier trouvant l'héritage à lui censable vuide, sans Tenementier, peut s'y faire conduire, le détenir, & en lever les fruits & émolumens, & les faire siens, jusqu'à ce que l'héritier ou successeur capable se présente à le tenir.

II.

Si plusieurs sont possesseurs d'un héritage ou tenement affecté de cens, le Seigneur d'icelui n'est tenu le diviser; ains peut pour le tout contraindre celui des tenanciers que bon lui semblera; & à ce défaut, saisir ou faire saisir la piece y affectée, & la tenir jusqu'à satisfaction.

III.

Quand il advient que faute de cens payé, le Seigneur d'icelui fait saisir l'héritage censable; si le possesseur duement signifié n'en obtient provision de Justice convenable dans la quinzaine, est le Seigneur subordinément mis en possession dudit héritage. Et si dans la quinzaine suivante qu'elle aura été nos-

K.

tifiée au Propriétaire dudit héritage, il n'acquite le cens, ou s'en pourvoit par voye de Justice, il demeure acquis audit Seigneur censier.

IV.

En tout cas, si le Détempteur de l'héritage censable par emphiteose, ascensement, ou amodiation à longues années, ayant laissé par trois ans de payer le canon, le cens, ou la pension, est duement interpellé par le Seigneur direct, censier, ou de sa part, en est refusant; de ce fait il est privable de la chose tenuë, laquelle est commise au Seigneur censier.

V.

N'y a toutefois amende ordinaire, ou peine de commise, faute de cens non payé au terme, s'il ne conste ou par Lettres de l'ascensement, ou autrement duement.

VI.

Et si par l'usage y a amende, ou par le Contract certaine peine établie, ne peut être demandée que d'une année, ores que le cens soit dû de plusieurs, n'étoit que le detteur d'iceluy fut tombé en telle contumace, que d'en avoir contesté par Procès.

VII.

Où il y auroit eu négligence de demander le cens ou rente fonciere, duë

de plusieurs années, à l'interpellation
se payera d'autant d'années qu'il se trouvera être dû.

VIII.

Mais rente constituée en deniers, non
acquitée de plusieurs années, ne se
payera dorénavant que de trois années
seulement, s'il ne conste qu'elle ait été
demandée, ou par Acte pris du refus,
ou autrement duement.

IX.

Les relévemens & revêtemens seront
suivis ès lieux où ils sont dûs, & ont
eu lieu par cy-devant.

X.

Es lieux où les tailles sont réelles, elles se payeront à proportion & mesure
des héritages sur & à raison desquels
elles sont dües, & où elles sont personnelles, par distribution & considération du fort au foible.

XI.

Tous cens & rentes foncieres, sous
lesquelles un héritage se trouve ascen-
sé, soit à perpétuité ou à rachat, sont
censez Immeubles à celui à qui ils sont
dûs, jusqu'à ce que le rachat soit fait.

XII.

Toutes autres rentes constituées à
prix d'argent, communément dites
Volantes, soit par Contract d'emption
ou vendition d'Immeubles, à rachat,

K ij

Gagiere ou Conſtitution de rente expreſſe ſur hypotéque auſſi à rachat,
ſont réputées Meubles, tant & ſi longuement que la faculté du rachat dure;
voire ne ſont telles venditions & emptions d'Immeubles à rachat, pour leſquelles les vendeurs, ou autres en leurs
noms, retenans les héritages vendus,
conſtituent aux Acquereurs rente ou
penſion pendant la faculté, cenſées &
tenuës que pour ſimples hypotéques,
ladite faculté durante.

XIII.

Quiconque prétend aucuns cens ou
rente, ſur autruy, encore qu'il ait Lettres d'aſcenſement ou de conſtitution
d'icelle, doit vérifier néanmoins qu'elle lui a été payée depuis trente ans : autrement ſi le titre eſt de temps excédant
celui deſdits trente ans, eſt tenuë pour
preſcrite au profit du detteur prétendu
d'icelle.

XIV.

Héritage laiſſé à titre d'aſcenſement,
peut être renoncé pour le cens, en
payant les arrérages échûs, ſi le rete-
neur ne s'eſt obligé que de la piéce aſcenſée. Mais s'il y a ajouté Contre-à-
bout, ou s'eſt obligé, & ſes biens, à
payer ledit cens, & entretenir la choſe
aſcenſée, il n'y ſera reçu, ſi bon ne
ſemble au Laiſſeur ou Aſcenſeur.

XV.

Le Seigneur cenfier n'a droit d'avoir
par préférence l'héritage aliéné, mouvant de lui en cens, s'il n'eft en ce expreffément fondé par le laix & convention de l'afcenfement.

XVI.

Si toutefois le cens ou la rente eft duë
en efpece de bled, vin, huile, & autres chofes qui fe pefent, mefurent,
ou change de prix, & les chofes viennent à ce point; qu'eftimation en foit
ou confentie par les parties, ou ordonnée par le Juge; elle doit être faite des
années & arrérages échûs ayant conteftation en caufe, à leur value plus commune efdites années, & au plus haut
pour celles qui depuis ladite conteftation auront couru, jufqu'à pleine fatisfaction.

XVII.

Meubles n'ont fuite par hypotéque,
s'ils fe trouvent ès mains d'un tiers,
fans fraude, dol ou collufion; fi ce n'eft
comme il a été dit cy-devant, au profit
du Locateur contre fon Conducteur, ou
d'un Marchand requerant délivrance
de la Marchandife par lui venduë, faute de payement, avant qu'icelle, ou
lefdits Meubles foient vendus à requête
d'autre créditeur; ou qu'ayant été lefdits Meubles arrêtez une fois, pris &
exécutez, lefdits Arrêt & exécution

fuſſent diſcontinuez, & les gages pris,
depuis vendus.

XVIII.

Celui qui poſſéde un héritage hypotéqué à aucune rente annuelle, ou dette à une fois, eſt tenu hypotéquairement acquiter la charge dont il ſe
trouve chargé ; autrement peut le créditeur icelui faire crier, & vendre par
Decret & droit de Ville, tant pour le
ſort qu'arrérages.

XIX.

Si toutefois ledit Poſſeſſeur ayant
ſommé ſon garant, ne peut être garanti
de lui, & à ce défaut il quitte & aban-
donne l'héritage audit créditeur, y re-
nonçant, ne peut être pourſuivi davantage, non même des arrérages échûs
depuis le temps de ſon acquêt, en ſe
purgeant par ſerment n'en avoir eu
connoiſſance auparavant la pourſuite,
& pourvû qu'autrement il ne ſoit héritier du detteur originaire ; auquel cas
en ſeroit tenu plus avant pour telle cotte qu'il lui eſt héritier.

XX.

S'il y a d'un detteur au profit de ſon
créancier, obligation d'hypotéque ſpé-
ciale, une ou pluſieurs, après laquelle
ſuive la générale de tous les biens, le
créditeur ne peut commencer ſa pourſuite, ſoit par exécution ou autrement,

que fur la chofe, ou chofes hypotéquées, & pardevant le Juge du lieu
de leur fituation & affiette ; même n'eft
recevable d'agir en vertu de la générale, qu'en fupplément ou défaut de la
fpéciale, fi ce n'eft que le choix lui en
foit laiffé par les Lettres de l'Obligation, & s'il y a plufieurs pieces hypotéquées fpécialement, foit qu'elles foient
affifes en un ou divers lieux des Bailli-
ges, peut à toutes, ou aufquelles que
bon lui femblera, s'adreffer.

X X I.

Si fur un fonds ou héritage y a diverfes rentes hypotéquairement conftituées, autrement toutefois que par
titres d'emptions ou venditions ; encore que l'un des créanciers ait jouï de la
fienne, l'autre non, fi eft-ce que le premier au profit duquel fe trouvera avoir
été ledit héritage hypotéqué, fera
pour le fort & temps à l'avenir de la
rente, préféré par priorité de datte,
à l'autre qui par quelque temps aura
jouï de la fienne.

X X I I.

Cédule ou autre promeffe par écri-
ture privée, ne porte aucune exécution
parée, finon du jour de la reconnoiffance en Jugement.

X X I I I.

En Maifons & Châteaux de Gentils-hommes, Artilleries, Piéces de fonte, Arquebuses à croc, & de Guerre, & toutes autres Armes pour défense de Maison, sont tenues pour Immeubles.

XXIV.

Par-tout, Moulins, Pressoirs, & autres Meubles de bois clouez, ou tellement appropriez, que sans détérioration, ou évidente incommodité de la chose, ne puissent être transportez, sont censez Immeubles.

XXV.

Deniers de Mariage à Gentils-femmes, fruits pendans par la racine sur héritages, & deniers d'amodiation pour chose de laquelle les fruits & profits n'ont encore été recueillis ny moissonnez par le Fermier, sont censez Immeubles dûs à l'Héritier immobiliaire ; separez du fond, ou recueillis par le Fermier, sont ameublis, & appartiennent au Mobiliaire.

TITRE XVII.

DES ARRETS, SAISIES, GAGERES, *Exécutions, Vendages à droit de Ville, Mains-levées & Recréances.*

ARTICLE PREMIER.

ON ne peut, ny doit-on procéder par Arrêts, Saisies, Gageres, ni autre voye d'exécution, que ce ne soit

pour

pour chose jugée, Droit Seigneurial
ordinaire, ou en vertu d'Obligation
passée sous Sceau autentique pardevant
Tabellion, Reconnoissance, ou Soumission en Justice.

II.

Exécutions faites par Commission de
Bailly, ou son Lieutenant, sur chose
jugée ; Obligation autentique, ou autres Actes portans exécution parée,
doivent être faites néanmoins avec
garnison & nantissement de bien en
main de Justice, ores qu'il y ait opposition formée, & sans préjudice d'icelle
en autre maniere.

III.

De même, pour Gageres faites par
ordonnance ou autorité de Juge infé-
rieur : mais s'il y a Provision de recréance à Bailly, & la recréance n'en
est faite par celui qui a impétré la Gagere sous la caution délivrée à l'impétration des Lettres de recréance, il y
est pourvû par le Juge (Parties sur ce
sommairement ouïes) ou au défaut de
la non-comparition de l'Adjourné à la
premiere Assignation, en donnant ladite Caution bonne & resseante, si celle qui aura été livrée à l'impétration
des Lettres d'Ajournement, est contre-
dite, & trouvée non suffisante. Si toutefois il appert à ladite Assignation la

L

Gagere avoir été faite pour Droit Seigneurial bien reconnu, ou chose jugée & sans excès, ne devra telle recréance être provisionnellement ordonnée; ains tiendra la Gagere pendant le procès.

IV.

Sentence en action personnelle, donnée contre celui qui pour autre a pris la garantie & cause d'autruy en défense, est exécutoire contre le Garantigié, aussi bien que contre le condamné, s'il se trouve non solvable, ou de convention plus difficile que le Garantigié; sauf audit Garantigié sa poursuite d'indemnité contre sondit prétendu Garant.

V.

Sentences doivent être exécutées dedans l'an & jour de la prononciation d'icelles; autrement si elles se trouvent surannées, n'engendrent à celui en faveur de qui elles ont été données, qu'une nouvelle action contre le condamné, ses Héritiers ou ayans-cause, pour voir déclarer la Sentence exécutoriale, ou dire les causes pourquoi elles ne le doivent être. Mais il n'y a appellation en cette nouvelle action, ores que la précedente y auroit été sujette, pource que c'est sur la chose jugée.

V I.

Aucun en action civile & ordinaire, ne peut être contraint par corps de sa-

tisfaire à chose par lui duë ou promise,
s'il ne s'y est obligé par exprès, ou si ce
n'est pour deniers Princiers.

VII.

D'Obligation ou Cédule sous promesse de payer, sans expression de terme certain, ne peut le detteur tirer argument de ne payer qu'à sa volonté ; au
contraire est censé s'être soumis à celle
du créditeur, & de payer toutes fois
qu'il en sera par lui interpellé.

VIII.

Obligation passée sous Sceau aûten-
tique, Acte de Justice, ou autre semblable, portant exécution parée, est exécutoire de plein saut contre l'héritier
de l'Obligé ayant refusé de payer, au
semblable qu'elle eut été contre le detteur. De même peut le Cessionaire faire exécuter l'Obligation à lui cédée, en
justifiant le transport.

IX.

Dette duë par un tiers à celui qui est
detteur à autrui, peut être saisie ou arrêtée à requête de son créancier ; en faisant par lui notifier l'Arrêt audit Tiers
detteur, qui moyennant ce, & depuis
n'en doit faire délivrance à son créditeur principal, que la main ne lui en
soit levée par Justice, à peine de la
payer encore à celui à requête de qui
elle aura été arrêtée, s'il ne se trouve

autrement devoir être fait par Justice ;
même, peut ledit Tiers être contraint
se purger par serment de ce dont lors
desdits Arrêt ou Saisie, il pouvoit sans
fraude être attenu audit detteur.

X.

Quiconque s'est constitué pleige &
fidéjusseur, ne peut être exécuté que
subsidiairement au défaut d'être le detteur principal non solvable (discution
sur lui préalablement faite) sinon que
le pleige & fidéjusseur se soit constitué
detteur & payeur principal ; auquel cas
peut être le premier convenu au choix
du créancier. Et si plusieurs detteurs,
un seul néanmoins pour le tout, lui sont
obligez pour une seule & même dette,
peut à tel ou tels que bon lui semble,
s'adresser pour toute la somme ; s'ils ne
sont obligez un seul pour le tout, ou
n'ayent renoncé au benefice de division,
lors est tenu diviser la somme, & la
requerir à chacun pour sa cotte.

X I.

Si un créditeur ayant fait exploiter
les Biens-meubles de son detteur, se
trouve un tiers opposant, qui main-
tienne lesdits biens, ou partie, lui appartenir, & il déclare faits & moyens
concluans à son intention : sera reçû à
les soutenir & vérifier par son serment,
& celuy du detteur, & qu'il n'y ait en-

tr'eux fraude, intelligence ou collufion aucune par enfemble : fi ce n'eſt que le créditeur veuille vérifier le contraire, & qu'ils ne ſoient tous deux, ou ledit Oppoſant, recevables à porter témoignage, & avoir cruë en Jugement.

XII.

Perſonnes appellées en Jugement, ſoit pour y défendre, porter témoignage, ou autres choſes faire pour l'expédition de leurs Cauſes, ne doivent être arrêtées ni détenuës en corps ny en biens, pour dettes, ou matiere civile, quelle elle ſoit.

XIII.

De même, & particuliérement Gentils-hommes de l'ancienne Chevalerie venans aux Aſſiſes, & y ſéjournans, tant pendant icelles que jugement des Appellations, & retournans, ne peuvent être cependant leurs Meubles, Chevaux ou autres Biens, ſaiſis ny arrêtez pour dettes, ou autres Obligations civiles.

XIV.

L'Hôtellier peut légitimement arrêter les meubles de ceux qui ont bû & mangé en ſon logis, pour le payement des dépens qu'ils y ont faits lors de tel arrêt ; non toutefois pour autres précédens, ſi aucuns en doivent du paravant. Et eſt ledit Hôtellier préférable à tous

autres créditeurs de ses hôtes, d'avoir
& retenir les dépens faits par iceux au
temps de sa Saisie, sur les biens & chevaux hôtellez.

X V.

En obligation générale de Meubles
& Immeubles, après que discution a
été faite des meubles, doit l'Impétrant
de l'exécution, la continuer sur les biens
qui sont encore en la possession de son
detteur, avant que s'adresser subsidiairement à autres qu'il auroit aliénez depuis la création de la dette.

X V I.

De même, s'il y a hypotéque spécia-
le, doit faire discution d'icelles, premier que passer aux autres biens généralement obligez ; si ce n'est que le
choix par le Contract lui en soit laissé.

X V I I.

Biens vendus par autorité de Justice,
soit meubles ou immeubles, peuvent
(après le vendage à droit de Ville &
délivrance faite des meubles, ou mise
en possession de l'Acquêteur ès Immeubles) être rachetez par le detteur dedans la quinzaine, plûtôt que laquelle
expirée, ne commence à courir l'an de
Retrait Lignager.

X V I I I.

Ne s'apprétieront dorénavant les biens
exploitez à requête des créanciers,

pour leur être délivrez en paye au prix
& eſtimation faite par Juſtice, ains ſe
ſubhaſteront à requête deſdits créanciers, ou au lieu, où ils auront été exploitez, ou en autre prochain à ce plus
propre & commode ; & s'encherront
au plus offrant & dernier encheriſſeur ;
qui pourront les ceder & tranſporter
par après auſdits créanciers, s'ils en
conviennent.

XIX.

Et pour tout délay ſont leſdits en-
cheriſſeurs tenus par corps, ſatisfaire
au prix de leurs Encheres dans la quinzaine pour les Meubles, & le mois pour
les Immeubles.

XX.

En priſe & exécution de Meubles,
ne doivent être pris Gages pâturans,
ſur-tout les chevaux ou bœufs tirans à
la charrue, ni les outils d'un ouvrier,
deſquels il ſe ſert ordinairement à tra-
vailler de ſon métier, tant & ſi longuement qu'il s'en trouve d'autres ; n'étoit
en repriſes de méſus ès fruits des
champs, que le bétail y trouvé méſ-
uſant, doit être pris & méné à Juſtice,
ou aux lieux accoutumez à les mener
& détenir, & y demeurer juſqu'à ce
qu'il ſoit pleigé par celui à qui il appartient.

L iiij.

TITRE XVIII.

DES PRESCRIPTIONS ET HAUTES
Possessions.

ARTICLE PREMIER.

QUiconque sans interruption, contredit ny empêchement, a possédé de bonne foy Héritage, soit de fief, franc-aleu ou de roture, par l'espace de trente ans, il a acquis la propriété & seigneurie dudit héritage, & en est fait à ce moyen maître & seigneur, sans distinction ny recherche aucune si telle possession a commencé, ou a été continué avec titre ou sans titre, entre absens ou présens, contre le Prince ou le Vassal, & tout autre quel il soit, pourvû qu'elle n'ait été commencée & continuée à telle voye de force ou violence, que contre icelle il n'y ait eu moyen aucun se pourvoir par Justice, le temps de la prescription durant.

II.

De même sont toutes actions, charges, redevances, rentes & prestations personnelles, ou réelles, prescriptibles par trente ans ; & toutes Prescriptions par lesquelles on peut acquerir plein droit en la chose, soit mobiliaire ou immobiliaire ; uniformément réduites à ce temps.

III.

Toutefois droit de pure faculté, foy & hommage du Vassal envers son Seigneur, & choses tenues entre parçonniers par indivis, & droits seigneuriaux sur les Sujets, sont de soy imprescriptibles, si ce n'est du temps de la contradiction ès droits de ladite faculté ; & que le Comparçonnier ait fait ou exercé quelque Acte de Jurisdiction, ou autrement possédé particulierement quelque chose en la Communauté, privativement de son Comparçonnier ; vérifiant par titre ou autrement duement, l'avoir fait de son droit, prérogative, ou autre droit particulier hors ladite Communauté.

IV.

Aussi sur bien propre de la femme, vendu par le Mary sans son consentement, ne court prescription contre icelle le tems du Mariage durant, qu'elle est & demeure sous la puissance de son Mary.

V.

Possession s'acquiert par an & jour, & quiconque y est troublé, doit agir & se pourvoir par complainte de nouvelleté, ou autre reméde possessoire contre le troublé, dedans l'an & jour d'icelui, autrement lui est cette action prescrite.

VI.

Action d'injure eſt périe à l'injurié ſi
dedans l'huitaine de l'injure à lui dite,
ou ſçue par le rapport d'autrui, il n'en
fait le plaintif ; & le pourſuit dedans
l'an & jour : de même eſt l'action du délit
preſcrite, ſi dedans l'huitaine qu'il a été
inféré, n'en eſt fait le plaintif, & la
pourſuite dedans led. temps d'an & jour.

VII.

Adjournement requis en Aſſiſes ou
ailleurs, pour commencer une action
petitoire, s'il ſe trouve délaiſſé de ſorte, qu'il ſoit demeuré en ces termes,
ſans production de demande de la part
du Requerant ; advenant que depuis
cette diſcontinuation, il ſe trouve par
autres nouveaux Adjournemens avoir
dreſſé action, en laquelle Partie deffen-
dereſſe excipe de jouiſſance preſcrite à
temps de haute poſſeſſion, & veuille le
Requerant à ce oppoſer interruption du
moyen deſdits Adjournemens premiers ;
n'y eſt recevable, ſi ce n'eſt que la demande ſur laquelle ſera ladite exception propoſée, ait été produite ſur les
mêmes Adjournemens deſquels il ar-
gue ladite interruption ; auquel cas ſe
prend ladite interruption dès le temps
du premier deſdits Adjournemens requis ; avant lequel, lors eſt de néceſſité au Défendeur, vérifier le temps de

sa prétenduë haute-possession, non-seulement de celui de la production de la demande.

VIII.

Tous Articles accordez par Son Altesse aux Etats, demeurent en la force & vigueur des Loix & Coûtumes écrites. IX.

Si par succession de temps on reconnoissoit quelque Coûtume cy-dessus écrite, porter préjudice aux autoritez, prérogatives ou priviléges de quelqu'un des Etats, telle Coûtume se pourra changer par un Etat suivant.

COUTUMES NOUVELLES
du même Titre.

DES PRESCRIPTIONS.

ARTICLE PREMIER.

ON ne peut prescrire contre l'Eglise, à moins de quarante ans.

Cet Article est interpreté par Ordonnance de Son Altesse du dernier Mars 1599. où il est dit, qu'il n'a été entendu ledit Article devoir être étendu plus avant que sur les choses qui sont de droit prescriptibles, non sur le droit de Dixmes, qui est imprescriptible, ny autrement.

II.

Dorénavant en toutes causes, actions

& procès commencez ès Assises, tant
de Nancy, Vosge que Allemagne, &
ès Siéges supérieurs des Bailliages, il
sera loisible aux Parties faire Enquête
de Témoins & Examen à futur, Parties
appellées, & autres cérémonies en tel
cas requises observées, & vaudront les
dépositions des Témoins, tout ainsi que
si les Enquêtes étoient faites, le Procès
étant en termes & état d'enquêter. Devront néanmoins lors lesdits Témoins
être recollez en leurs dépositions, s'ils
sont encore vivans ; & lesdites Enquêtes
& Examen demeurer clos & fermez jusqu'à ce qu'il les conviendra employer.

LES ÉTATS.

EN l'Etat General convoqué à Nancy
au premier jour de Mars mil cinq cens
quatre-vingt-quatorze, ont été lûës
& relûës les Coûtumes cy-devant écrites, &
communiquées à SON ALTESSE ; & en
a-t-on fait Extrait de celles qui ont semblé
nouvelles, lesquelles on a prié très-humblement SON ALTESSE de vouloir homologuer : Les autres ont été tenuës pour anciennes, & par cy-devant pratiquées, &
que dorênavant l'on doit suivre & observer ;

préfens à ce, pour l'Etat Eccléfiastique, les Reverends Peres & Seigneurs Antoine de Haraucourt, Prieurs de Flavigny: Antoine de Lénoncourt, Prieur de Lay: les Abbez de Chaumofey, de Senone, de Belchamp, d'Eftivay, de Lunéville, Prieur de Breuil: Jean de Mouffon, Prevôt de St. Georges de Nancy: Jean Gerardin, Chanoine & Chancelier d'Office en l'Eglife de Remiremont.

Et pour l'Etat de Nobleffe, de Hauts, puiffans & honorez Seigneurs, Jean Comte de Salm, Maréchal de Lorraine & Gouverneur de Nancy: African de Hauffonville, Baron d'Orne, Maréchal de Barrois, & Gouverneur de Verdun: Chriftophe de Baffompierre, Sieur dudit lieu & de Haroüé, Grand-Maître d'Hôtel & Chef des Finances de SON ALTESSE: Charles de Lénoncourt, Baron d'Ormes, Sénéchal de Lorraine: Friderit Comte Sauvage du Rhin & de Salm, grand Ecuyer de Lorraine: Otho Comte Sauvage du Rhin, Sieur de Morhanges: Georges de Savigny, Sieur dudit lieu, & Chevalier de l'Ordre de France: Peter Ernft, Baron de Créhange: Chriftophe Baron de Créhange: Regnault de Gournay, Sieur de Viller, Bailly de Nancy: René de Florinville, Bailly de Vofge: Philippe de Ragécourt, Sieur d'Ancerville, Bailly d'Allemagne: René d'Anglures, Sieur de Melay, Gouverneur de la Mothe: Philbert du Châtelet, Bailly du Baffigny: Jean de Pourcelet, Sieur de Mailbane, Gouverneur de Toul, & Bailly de l'Evêché de Metz : Theodore de Lénoncourt, Sieur de Gondrecourt, Gouverneur de Marfal : George Bayer, Baron de Bopart : Antoine de Haraucourt, Sieur de Parroy & de Gircourt, Capitaine de l'Artillerie : Jean de Beauveau, Sieur d'Aviller : Loüis de Beauveau, Sieur de Tremblecourt : Loüis de Liceras, Sieur de Bouſſerville, Bailly de Châtel : Jean de Cuſtine, Bailly du Comté de Vaudémont : Nicolas de Hautoy, Sieur de Receicourt : Jean de Marcoſſay, Sieur de Going : Valter de Lutzelbourg, Capitaine de Sarbourg : Jacques du Val, Sieur de Mondreville : Jean de Hautoy, Sieur de Nubécourt : Jacques de Ragécourt : Charles de Lignéville, Sieur de Tantonville : Gaſpard de Lignéville, Sieur de Tumejus : François Henry de Haraucourt, Sieur de Magniere : Jacob de Haraucourt, Sieur de Bayon : Jean du Buchet, Sieur d'Ajoncourt : Charles le Bouteillier, Sieur de Bouvigny : Humbert de Bildſtein, Sieur de Magnieres, Gouverneur de Bitſch : Jean de Bildſtein ſon Fils : Nicolas de Bildſtein, Sieur de Froville : Hartor de Palan ; Jacques de Lignéville, Sieur de Vannes : Robert de Stainville, Sieur d'Outrancourt : Chriſtophe de Séraucourt, Sieur de Romain : Loüis de Cuſtine, Sieur de Villy : Adam de Cuſtine, Sieur de Guermanches : Claude de Sarnay, Sieur dudit lien & de Frouart :

Olry d'Ouches, Sieur de Cercueur : Samuel de Gournay Frianville : Jean Blaise de Mauleon, Bailly de l'Evêché de Toul : Loüis de Mauleon son Fils : Henry de Ludres, Sieur de Richarmesnil : André de Landres, Sieur de Fontenoy : le Sieur de Tavigny : Jean de Poüilly, Sieur de Hugne : Simon de Poüilly, Sieur d'Esne : le Sieur de Vasprich : Jean de Buffegnécourt : le Sieur de Beliup : Loüis de Fours, Sieur de Mons : Nicolas d'Ainville, Sieur de Gueblanges : Jean de Crevé, dit d'Horville. Et pour le Tiers Etat, les Députez des Villes des Duchez de Lorraine & de Bar.

ORDONNANCE
DE SON ALTESSE.

CHARLES, par la grace de Dieu, Duc de Calabre, Lorraine, Bar, Gueldres, Marchis, Marquis du Pont-à-Mousson, Comte de Provence, Vaudémont, Blamont, Zutphen, &c. A tous qui verront ces Présentes, SALUT. Bonne & grande partie des Ecclésiastiques & Vassaux de Lorraine & Barrois, & notamment des Bailliages de Nancy, Vosge & Allemagne, convoquez en ce lieu à notre Mandement au douziéme de ce mois, y ayant à divers jours conféré de plusieurs affaires concernans le bien & l'utilité du Public & de la Justice ; même la

continuation de l'ayde des deux francs par
conduit pour les trois mois d'Octobre, Novembre & Décembre prochains, Nous ont
fait remontrer qu'aux Cahiers des vieilles
Coûtumes dont en l'Assemblée derniere des
Etats Generaux ils auroient fait Recueil,
& pour mémoire les mis & redigez en écrit:
Ayant remarqué que celle où est parlé de la
Communauté des Acquêts & Conquêts Immeubles entre Gens mariez, soit que les
Femmes soient dénommées ès Contracts d'iceux ou non, ayant été dressez
en termes generaux & indéfinis, en pourroient cy-après naître plusieurs difficultez,
si elle n'étoit autrement plus particuliérement interpretée. Ils auroient avisé, que
comme on tient au Bailliage d'Allemagne
de coûtumes anciennes, les Femmes n'avoir
été participantes d'Acquêts, si elles n'étoient
dénommées ès Contracts d'iceux; ainsi s'il
y en sourdoit difficulté entre Parties, elles
ne soient par ce obligées à ladite Coûtume,
selon qu'elle est écrite audit Cahier, ains à
ce qu'en ce fait elles prouveroient avoir été
pratiqué cy-devant; Et d'abondant qu'en
tous lesdits Bailliages, ladite Communauté ne puisse avoir lieu ès Acquêts faits
par le Mary de Succession immobiliaire, qui
pouvoit lui avenir par hoirie & succession
ab intestat (lors principalement que le prix
répondroit à la valeur des choses acquêtées)
n'étoit doncques que la Femme fût expressément

ment dénommée au Contract ; sauf que si le
Mary avoit aliéné du Bien propre de la Femme pour satisfaire à l'Acquisition, en ce cas
les Biens d'icelle, ou partie, luy demeureront obligez, à la concurrence & à proportion desdits deniers, jusqu'à la restitution
d'iceux. Encore pour ce qui touche la Garde-
noble des Enfans aux Peres & Meres, où il
est dit : Qu'ils feront les fruits leurs, tant
de ce qu'obvenu seroit ausdits Mineurs,
que de ce qu'obvenir leur pourroit, le
temps de leur minorité durant : Que cela
s'entend de ce qui leur aviendra ab intestat;
car avenant que celuy de qui le bien proviendra, ait par Testament ou autre Ordonnance
nommé un autre que le Pere ou la Mere,
pour gouverner le bien qui doit écheoir aux
Mineurs, & à leur profit rendre compte des
fruits, levées & apports d'iceux pardevant
le Juge qu'il ordonnera, sa volonté en ce
soit suivie. Nous ayant lesdits Ecclésiastiques & Vassaux fait supplier très-humblement vouloir avoir ces modifications, intel-
ligences & interprétations pour agréables,
& les approuver & confirmer de notre autorité souveraine : inclinans à quoy, pour les
avoir jugé raisonnables & équitables : Sçavoir faisons que par avis des Gens de notre
Conseil, Nous avons le tout de ce que
dessus, confirmé, approuvé & agréé ; déclaré & déclarons lesdites Coûtumes anciennes être telles, & ainsi devoir être

M.

modifiées, entenduës, interpretées & tenuës, qu'il y est dit & déclaré, par-tout, en
Jugement & dehors, sans difficulté aucune.
Mandons à tous Juges de nosdits Pays, & à
tous autres de nos Officiers, Hommes &
Sujets qu'il appartiendra, ainsi en juger &
s'y conformer aux occurrences. Et pour ce
que plusieurs pourront avoir à faire d'ensei-
gnemens de cette notre Déclaration, Voulons
qu'au Vidimus des Présentes dûëment col-
lationné, soit foy ajoûtée comme à l'Original: Car telle est notre volonté. En témoin
de quoy Nous avons signé ces Présentes de
notre main, & à icelles fait mettre & appendre notre grand Scel. Données en notre
Ville de Nancy le 16 du mois de Septembre
1594.

Ainsi signé, CHARLES. Et plus bas.
Par Monseigneur LE DUC, &c.

Les Sieurs Comte de Salm, Maréchal
de Lorraine, & Gouverneur de Nancy;
d'Haussonville, Maréchal de Barrois, &
Gouverneur de Verdun; d'Ancerville,
Bailly d'Allemagne; de Melay Gouverneur de la Mothe & Monteclair; de Mailhane Gouverneur de Toul; de Mondreville; du Buchet, Chambellan; Maimbourg
Maître aux Requêtes ordinaire; Remy,
Procureur Général de Lorraine, & G. de
Chastenoy, présens.

M. BOUVET.

Regiſtrata, L. Henry, & scellées en cire
rouge du grand Scel de SON ALTESSE.

ORDONNANCE
DE SON ALTESSE.

Sur l'Homologation des Coûtumes Générales nouvelles des Bailliages de Nancy,
Vosge & Allemagne.

*C*HARLES, *par la grace de Dieu, Duc*
de Calabre, Lorraine, Bar, Gueldres,
Marchis, Marquis du Pont-à-Mousson,
Comte de Provence, Vaudémont, Blamont,
Zutphen, &c. A tous présens & à venir,
SALUT. *Comme Nous ayons convoqué les*
Etats Generaux de nos Pays en ce lieu de
Nancy au premier jour de ce mois, & les
Etats des Bailliages de N *Vosge &*
Allemagne Nous ayent remontré qu'ils esti-
moient être de besoin d'établir des Coûtu-
mes nouvelles, que par ensemble ils avoient
avisé être grandement nécessaires pour le
soulagement & bien public de tous les Etats
desdits Bailliages ; & les auroient rédigées
en vingt-quatre Articles, en la forme qu'el-
les sont cy-devant écrites, Nous suppplians
très-humblement de les vouloir agréer, ap-
prouver & homologuer : Sçavoir faisons,
qu'inclinans à leurs prieres très-humbles,&
ayant vû & examiné lesdits Articles, n'y
trouvant que choses justes & équitables, &
pour le plus grand bien de nos Ecclésiasti-
ques, Vassaux & Sujets desdits Bailliages ;
les agréons, approuvons & homologuons dé-
notre puissance & autorité souveraine ; Et

M ij

voulons que dorênavant, comme generales
en chacun desdits Bailliages, & nonobstant
toutes autres generales ou particulieres que
sur ce on pourroit prétendre avoir été tenuës
& observées, ou y être du contraire, elles
soient suivies & observées comme celles que
de tout temps sont reconnuës pour anciennes
Coûtumes, & hors de difficulté; sans qu'il
soit loisible aux Parties, sur les faits & cas
y articulez, d'en proposer, déduire ny arti-
culer d'autres contraires; Car ainsi Nous
plaît. En témoin de quoy Nous avons signé
ces Présentes de notre propre main, & à
icelles fait mettre & appendre notre Scel.
Données en notre Ville de Nancy, le dix-
septiéme jour du mois de Mars 1594.

Ainsi signé, CHARLES. Et plus bas.
Par Monseigneur LE DUC, &c.

Les Sieurs Comte de Salm, Maréchal
de Lorraine, & Gouverneur de Nancy;
de Haussonville, Maréchal de Barrois, &
Gouverneur de Verdun; de Bassompierre,
Grand-Maître d'Hôtel, Chef des Finances;
de Lénoncourt Sénéchal de Lorraine; de
Melay Gouverneur de la Mothe; de Mail-
hane Gouverneur de Toul; de Lénoncourt
Prieur de Lay; Maimbourg Maître aux
Requêtes ordinaire; Remy, Procureur
Général de Lorraine; & Bardin, aussi
Maître aux Requêtes, présens.

M. BOUVET.

Registrata, L. Henry. Ecrites sur parchemin velin en trois feuillets; scellées du
grand Scel de SON ALTESSE sur cire rouge,
à lacs de soye noire & jaune pendans.

LETTRES
PATENTES
DE SON ALTESSE,

Du Dernier Mars 1599.

Touchant l'interprétation de quatre Articles des Coûtumes de Lorraine, faite à la postulation des Etats tenus à Nancy le 15 de Mars dite année.

Et de son Ordonnance, imprimée, & adjointe au Volume écrit desdites Coûtumes & Formalitez.

CHARLES, *par la grace de Dieu, Duc de Calabre, Lorraine, Bar, Gueldres, Marchis, Marquis du Pont-à-Mousson, Comte de Provence, Vaudémont, Blamont, Zutphen, &c. A tous qui ces Présentes verront,* SALUT. *En l'Assemblée des Etats Generaux de nos Pays, convoquez en ce lieu au quinziéme de ce mois, entr'autres remontrances à Nous y faites, ceux du Duché de Lorraine ès Bailliages de Nancy, Voſge & Allemagne, Nous ont fait entendre, que pour couper chemin à plusieurs difficultez qui pourroient naître de l'interprétation diverſe que chacun, à ſon intention, œuvre & profit, & contre la vraye nôtre & leur, s'étudieroit à donner aux*

Articles premier du Titre de Communauté de Biens entre Gens mariez, & leurs Enfans, *deuxiéme en nombre du Cahier des Coûtumes, Stile & Formalitez écrites desdits Bailliages; En ce que sous la généralité de la clause y attribuant les Meubles, & choses réputées Meubles au survivant; ceux qui sont de sujétion main-mortable, ou autre pareille condition servile, pourroient, au préjudice des Seigneurs fondez esdits Droits, la tirer à l'exemption de leur servitude. Aux dix-septiéme du Titre quinziéme* des Bois, Forêts, Rivieres, &c. *en ce que le Réglement des Bois y étant attribué seulement au Haut-Justicier entre ses Sujets; plusieurs qui ont des Voiiez, ou autres Comparçonniers esdits Bois, soit en Amendes, en Confiscations y échéantes, ou autrement, sans par toutefois en ladite Haute-Justice, pourroient de là prendre argument de donner seuls les Réglemens, lesdits Comparçonniers non y appellez, & peut-être à leur dommage & préjudice. Au premier du Titre des Plaintes esdites Formalitez, où il est dit, que le choix sera au plaignant de former sa plainte, ou pardevant le Seigneur Haut-Justicier des Juges qui l'auront grévé, ou pardevant le Bailly, & ceux de la Noblesse: en ce que quelques-uns de nos Vassaux ayans le droit & l'autorité de vuider en leurs Buffets les Appellations des Sentences renduës par leurs Justi-*

ces ; on pourroit de là prétendre qu'ils en
fuſſent-réformables par l'un ou l'autre deſdits deux moyens, au préjudice de leurſdits
droits & autoritez, n'ayant jamais ainſi
été fait ny pratiqué. Encore au premier du
Titre des Preſcriptions, au Cahier des
Coûtumes nouvelles ; où étant dit, qu'on
ne peut preſcrire contre l'Egliſe, à moins de
quarante ans ; pluſieurs de ceux qui aiment
à plaider, pourroient en arguer, que doncq-
ques le droit de dîmer par ledit temps de
quarante ans, ſe pourroit preſcrire, contre
la diſpoſition des ſaints Decrets & Canons ;
il étoit requis & expédient y pourvoir &
donner éclairciſſement : Et à ces fins, y
ayant en cette Aſſemblée aviſé, avoient
trouvé expedient que leſdits Articles ſoient
interprétez & éclaircis en cette ſorte : Sçavoir ledit premier Article du Titre de
Communauté de Biens entre Gens mariez, Qu'il n'a été entendu pouvoir ny
devoir être par iceluy préjudicié à ceux qui
contre l'attribution des Meubles au ſurvi-
vant des deux Conjoints, ſont fondez en
droit contraire de main-morte, ou autre
telle ſemblable ſervitude ſur aucuns de
leurs Sujets. Celuy qui touche au Réglement deſdits Bois, n'avoir auſſi été entendu
qu'il puiſſe être préjudicié à ceux qui avec
le Haut-Juſticier, ſe trouveroient avoir droit
de Juriſdiction, ou de ſimple proprieté,
profits & émolumens ès Bois à régler ſur les

simples Usages ; & entant que besoin soit,
en y ajoutant, a été arrêté que lesdits ayans
les droits susdits de Jurisdiction, ou simple
proprieté, profits & émolumens, devront
être pour leurs intérêts appellez à faire
donner ledit Réglement. Semblablement
n'avoir été entendu par ledit Article premier des Plaintes, la connoissance en
avoir été ausdits Sieurs de la Noblesse
attribuée sur autre, plus avant que sur
ceux desquels ils ont médiatement ou immédiatement la connoissance des Appellations
au Droit de notre Hôtel, demeurantes les
choses comme auparavant pour ce qui touche
celles qui se vuident esdits Buffets. Et que
par ledit Article desdites Coûtumes nouvelles touchant lesdites Prescriptions contre
les Ecclésiastiques, il n'a été aussi entendu
iceluy devoir être étendu plus avant que
sur les choses qui sont de droit prescriptibles, non sur le droit de dîmer, qui est imprescriptible, ny autrement. Sçavoir faisons, que le tout desdites Remontrances
consideré, & eû sur ce l'avis des Gens de
notre Conseil ; Nous avons lesdites Déclarations, Interprétations, Adjonctions &
Eclaircissemens, loüé, approuvé, loüons
& approuvons, Voulons & Nous plaît,
qu'à l'occurrence des faits y rapportez, elles
soient suivies tant en Jugement que dehors,
& suivant icelles lesdits Articles être prati-
quez, entendus & interpretez, tant par les
Juges

Juges desdits Bailliages superieurs ou inferieurs, que tous autres qu'il écherra. Si mandons à tous nos Baillifs, Prevôts, Maires ou leurs Lieutenans, & à tous autres Juges de nos Pays esdits Bailliages de Nancy, Vosge & Allemagne, qu'échéante difficulté sur aucunes des choses avant dites, ou autrement, souffrant occurrence de les mettre en pratique, ils suivent cette notre présente Déclaration, & esdits cas se conforment en tout & par-tout conformément à icelle par raison. Et pour ce qu'à plusieurs pourra être de besoin en avoir enseignement un ou plusieurs : Voulons qu'au Vidimus des Présentes soit foy ajoutée comme à l'Original, & ainsi Nous plaît. En témoin de quoy Nous avons signé cettes de notre main, & à icelles fait mettre & appendre notre grand Scel. Données en notre Ville de Nancy le dernier jour de Mars mil cinq cens quatre-vingt dix-neuf.

Ainsi signé, CHARLES. Et plus bas. Par SON ALTESSE.

Les Sieurs Comte de Salm, Maréchal de Lorraine, & Gouverneur de Nancy; de Mailhane, Bailly & Sur-Intendant de l'Evêché de Metz; de Lenoncourt Prieur de Lay; de Mondreville; Maimbourg & Bardin, Maître des Requêtes ordinaires, présens. Et pour Secretaire,

M. BOUVET.

N

RECUEIL

DU STILE A OBSERVER

ès Inſtructions des Procédures
d'Aſſiſes, ès Bailliages de Nancy, Voſge & Allemagne.

AVEC LE RÈGLEMENT

pour le ſalaire des Juges, Procu-
reurs, & autres Miniſtres de
Juſtice.

Plus l'Ordonnance de SON ALTESSE,
ſur l'homologation, tant des Coûtumes anciennes & nouvelles, que
deſdits Stile & Réglement : Avec
défenſe de n'uſer d'autres Exemplai-
res que de ceux qu'elle a permis être
imprimez, nouvellement revûs &
corrigez.

RECUEIL

DU STILE A OBSERVER
ès Inſtructions des Procédures d'Aſſiſes, ès Bailliages de Nancy, Voſge & Allemagne.

TITRE PREMIER.

DE LA QUALITE' DES JUGES, & matieres traitables pardevant eux.

ARTICLE PREMIER.

LEs Aſſiſes de Nancy & de Voſge ſe tiennent de quatre ſemaines à autres, ſi pour quelque occaſion occurrente elles ne ſont continuées : Et commencent dès le Lundy après midy par l'ouverture du Livre du Régiſtre des Cauſes ; autrement ſont pour cette fois différées & remiſes. Celles du Bailliage d'Allemagne, de deux mois à autre.

II.

L'ouverture du Livre ès Aſſiſes de Nancy ſe fait par le Bailly, avec ſix Gentils-hommes de l'ancienne Cheva-

ferie, & y eſt paſſé outre aux Ajournemens, Proclamations & autres termes
de Juſtice ; mais ne s'y peut rendre Jugement que par le nombre d'onze, le
Bailly non y compris, lequel ſort après
y avoir commis Echevin l'un d'iceux,
tel que bon lui ſemble, pour recueillir
les voix & ſuffrages, & luy faire rapport de ſon Echevinage ; ſauf ès recors
où ledit Bailly aſſiſte, & fait le rapport.

III.

En celles de Voſge, l'ouverture du
Livre ſe fait par le Bailly, avec deux
Gentils-hommes pour le moins, & y
eſt procédé aux Ajournemens, Proclamations, & autres termes de Juſtice ;
mais ne s'y rend Jugement que par le
nombre de ſept, le Bailly non y compris, pour ce qu'il n'y aſſiſte ; & ce ſous
la modification cy-devant dite pour le
Bailliage de Nancy.

IV.

Au Bailliage d'Allemagne, les mêmes formalitez ſont gardées, ſauf que
les Prélats, encore qu'ils ne ſoient
Gentils-hommes, entrent aux Aſſiſes
avec leſdits Gentils-hommes, & que le
Bailly ne ſort point d'icelles, ains ſe
trouve préſent ès Jugemens qui s'y
rendent, y ayant voix déliberative, &
faiſant le ſeptiéme ; & s'y pourra faire
ouverture du Livre en préſence dudit

Bailly, & de trois, tant Prélats que
Gentils-hommes.

V.

És Affifes de Nancy & de Vofge, fe
plaident & déterminent les Actions
qui s'intentent au pétitoire, pour Fiefs,
Arriere-fiefs, Châteaux, Maifons fortes, Rentes, Revenus & Droits Seigneuriaux, pour Franc-Alœuds Nobles
enclavez efdits Bailliages, pour Villes
ou Villages, Droits de Patronage lay,
& pour toutes autres chofes de pareille
nature & condition ; & ce entre le
Prince & fes Vaſſaux ; de Vaſſaux à autres, & entre tous autres capables de
contendre les chofes fufdites. En celles
d'Allemagne, non feulement fe connoît
defdites Actions pétitoires, mais auſſi
des poſſeſſoires & perfonnelles ; & en
celles de Vofge, dudit Poſſeſſoire auſſi,
felon qu'il eſt porté cy-après au Stile
de leurs Affifes dudit lieu.

V I.

En toutes lefdites Affifes, préfident
les Baillifs pendant la réduction des
Caufes ; ordonnent fur féance en icelles, du confentement des Parties, &
même fans leur confentement, & d'autorité abfoluë, fi faire le veulent, mais
une fois feulement ; préfigent les délais
d'Affein & d'Enquête, & tous autres,
établiſſent Commiſſaires à recevoir lef-

dits Affeins & Enquêtes, taxer les dépens, liquider levées, & font & ordonnent toutes autres chofes concernantes l'Inftruction des Procès.

VII.

Lefdits Gentils hommes de l'ancienne Chevalerie ès Affifes de Nancy, jugent fouverainement, fans que l'on puiffe contre leur Jugement former Plainte, Appel, Propofition d'erreur, Requête civile, Evocation, ou autre moyen, quel il foit, tendant à révifion de Procès.

VIII.

Il y a Appellation defdites Affifes de Vofge à celles de Nancy en action pétititoire; & defdites Affifes d'Allemagne aufdites Affifes de Nancy, en action pétitoire & poffeffoire.

IX.

Sont auffi lefdits Juges d'Affifes les interpretes de leurs Sentences & Jugemens, comme auffi des Formalitez & Stiles.

X.

Après que l'Echevin en la Caufe, a rapporté le Jugement au Bailly qui préfide, & iceluy entendu, ledit Bailly ordonne qu'il foit écrit au Greffe, felon qu'il fera dicté par ledit Echevin; puis le Greffier le lit hautement, pour procéder fuivant iceluy, felon qu'il échet.

XI.

Que s'il avient qu'en la déliberation
desdits Jugemens, trois desdits Juges
se trouvent d'opinion contraire aux autres, la décision pour cette fois en est
remise à une autre, & rapporte ledit
Echevin qu'il y a débat, ce qui peut
être fait jusqu'à deux fois ; à la troisiéme, la Cause doit être décidée à la
pluralité de voix, sans plus longue remise ; & encore sans tel débat ou contrarieté, peut ledit Echevin, une fois en trois,
de son autorité différer son Jugement, si
bon lui semble ; ce qu'on dit en terme
commun, *Restraindre son Echevinage.*

XII.

Toutes personnes venantes ausdites
Assises, y séjournantes, ou en retour-
nantes, sont en franchise & assurance ;
& ne peuvent être arrétez, ny leurs
chevaux & hardes, pour choses civiles, quand bien elles seroient obligées à
prise de corps, si ce n'est pour les dépens
qu'elles auront fait en ce voyage.

❊❊❊❊❊❊❊❊❊❊❊❊❊❊❊❊

TITRE II.
DES AJOURNEMENS.

ARTICLE PREMIER.

LEs Ajournemens doivent être requis & ordonnez en corps d'Assises ;
& pour commencer l'action, doit le

Défendeur être appellé par deux Ajournemens requis, à deux divers Siéges
desdites Assises, avant que l'Ajourné
soit tenu comparoître, bien que le Demandeur doive fournir sa demande au
premier Ajournement ; à laquelle toutefois n'est tenu le Défendeur répondre
jusques audit deuxiéme.

I I.

Se font les Ajournemens à SON
ALTESSE par un Gentil-homme, en
la personne de son Procureur-Général ;
& aux Gentils-hommes, par autres
Gentils-hommes.

I I I.

Aux Prélats, Colléges & Chapitres,
par Prélats, ou personnes Ecclésiastiques ; & aux autres Ecclésiastiques, par
Ecclésiastiques ; aux Nobles, par Nobles ; aux Villes, Communautez,
Francs, Officiers & Roturiers, par un
Sergent du Bailliage, tous à ce commis & députez par le Bailly étant au
Siége ; & en l'absence des personnes
qu'il faut ajourner, à leur Majeur, principal Officier, ou Tenementier de la
chose contentieuse, résidant au Bailliage ; qui seront tenus d'en avertir leur
Seigneur & Maître ; & sera le Commis
à faire l'ajournement, tenu d'en faire
relation par écrit au Bailly, ou au Greffe
des Assises.

IV.

Et ne doivent lesdits Ajournemens
être faits ès Maisons de Sadite Altesse,
ny en autres où Elle soit lors actuellement résidante, non plus qu'en celle où
se tient le Siége desdites Assises, & ce
à peine de nullité : Même doit être faite
la relation de l'intimation d'iceux, au
Bailly, ou au Greffe, par Lettre ou
Rapport verbal desdits Commis.

V.

Si lesdits Ajournemens ordonnez ne
se trouvent à l'Assise suivante avoir été
faits, ou pour l'empêchement des Commis, ou à faute d'avoir été iceux solli-
citez, ils font continuez aux autres Assises suivantes ; & est dit que ce qui n'est
fait, se fera, & ce sans peine ou danger
aucun au Demandeur. Si toutefois le
Commis est ou dilayant, ou négligent
de s'acquiter de sa Charge, & le Demandeur à cette occasion requiert un
autre y être subrogé, le Bailly le peut
faire de son autorité, & même dès la
premiere fois.

VI.

S'il avient que celui ou ceux qui font
ajourner, soient résidans hors Bailliage, & n'y ayent aucun Officier, Locataire ny Tenementier de Biens à eux y
appartenans ; alors le Bailly doit décerner Commission par écrit, portant clause

rogatoire de *Pareatis* aux Juges de la
Province où réside celuy qui vient à
ajourner, afin qu'il permette les Ajournemens lui être faits.

VII.

Et pource qu'avenant quelquefois
pendant le Procès mutation de personne par mort, vendage, ou cession, il
est besoin subroger les Cessionnaires au
droit de ceux qui ont vendu ou cédé, &
reprendre le Procès par Ajournemens
nouveaux en la personne d'iceux ; comme aussi des Héritiers des Décédez, &
qu'un Demandeur pourroit dilayer la
poursuite de sa Cause au préjudice desdits Héritiers ou Cessionnaires ; en ce
cas, & combien qu'iceux, pour n'avoir
été appellez à sa Requête en résomption
de Procès, ne soient encore en Cause ;
si est-ce que s'ils ont intérêt à ce qu'elle
soit poursuivie, ils sont recevables à en
faire remontrance, & obtenir contre
ledit Demandeur, qu'il soit contraint
de la poursuivre, ou bien qu'elle soit
mise hors du Rôle.

VIII.

Les Ajournemens pour fait de garantie, ou en reprises de Procès, se font
par Lettres, qui s'expédient au Greffe,
ouvertes, & néanmoins cachetées en
Placart du Sceau du Bailly, ou signées
par le Greffier desdites Assises.

IX.

A faute d'avoir fourni par le Demandeur sa demande au premier Ajournement, peut le Défendeur requerir d'être renvoyé de l'Instance, & que l'Ajournement qui lui a été fait, soit rayé.

TITRE III.

DES DE'FAUTS ET CONTUMACES,

ARTICLE PREMIER.

SI après deux Ajournemens, l'Intimé ne compare, le Demandeur obtient premier Défaut, qui lui portera profit de forclusion contre ledit Intimé, des fins déclinatoires, comme d'incompétence de Juges, & de renvoy, si aucunes il avoit à en proposer. Et si dûement sur ce réajourné, il tombe en second Défaut, il déchet des dilatoires, comme de non répondre, non recevoir, & de litispendance.

II.

Si derechef appellé, il continuë de non comparoir, & encourt le troisiéme Défaut, il perd sa Cause; & est au Demandeur, en haine de cette Contumace, adjugée la chose par lui demandée.

III.

Toutefois étant ledit Intimé réajourné pour la quatriéme fois d'abondant, s'il a quelques moyens d'arguer lesdits

Défauts de nullité, comme pour avoir
été les Ajournemens sur lesquels ils
sont donnez, précipitez, ou autrement
mal & induëment obtenus ou signifiez;
il est reçû à les proposer, & lui est sur
ce fait droit tel, que si aucun desdits
Défauts se trouve mal obtenu ou exploité, ladite prétenduë Contumace
demeure sans effet, & lui admis à procéder ou plaider, tout de même qu'il
eût pû faire auparavant; & ce d'autant
que tel quatriéme Ajournement ne se
donne pour rendre ladite Contumace
complete & absoluë, ains seulement
pour sçavoir si le Contumacé a quelque moyen d'impugner & débattre lesdits trois Défauts, ou aucun d'iceux;
à faute de quoy faire il demeure exclu
de toutes exceptions & défenses pour
l'égard du principal porté en la demande; & quant est des levées & intérêts
(ores qu'ils soient demandez par somme ou quantité certaine) ils demeurent néanmoins à la liquidation du
Bailly, ou de ceux qu'il commet à ce
faire.

I V.

Défauts encourus depuis contestation en Cause, soit par le Demandeur
ou par le Défendeur, n'apportent aucun avantage à l'une ou à l'autre des
Parties, s'ils n'ont été obtenus jusques

à trois, portans Contumace incluſe, hormis les dépens d'iceux, qui ſe taxent ſur le champ, comme préjudiciaux.

V.

Si l'Intimé compare à la premiere fois, & il découvre que la choſe pour laquelle il eſt appellé auſdites Aſſiſes, ne ſoit de qualité requiſe pour y être traitée, ou que la demande contre lui dreſſée ne ſoit certaine, bien libellée, & déclarative de la choſe que le Demandeur requiert par icelle, ou autrement ſoit en quelqu'une de ſes parties défectueuſe; y ait pour icelle litiſpendance entre le Demandeur & lui, ou autres tels moyens de fins déclinatoires & de renvoy, ou dilatoires & de non-répondre, peut les propoſer; & s'il y obtient à tels moyens, ne perd pour ce ledit Demandeur ſon action, ains l'Inſtance ſeulement. Et lui eſt loiſible d'intenter de nouveau ſadite action, & faire ajourner ſa Partie, ou pardevant autre Juge qui ſoit compétent, ou bien eſdites Aſſiſes, s'il y échet, & ce pour une fois ſeulement, & en refondant préalablement à ſadite Partie les dépens de ladite Inſtance, dont elle auroit été renvoyée.

TITRE IV.
DES JOURS D'AVIS ET D'ASSEIN.
ARTICLE PREMIER.

S'Il ne propofe aucunes telles fins, ou les ayant propofées, s'y trouve mal fondé, & en eft débouté; alors il prend jour d'avis, qui porte conteftation en Caufe; puis demande Affein; pour lequel recevoir, font par le Bailly (fi c'eft ès Affifes de Nancy & d'Allemagne) députez à l'inftant Commiffaires, le Greffier defdites Affifes, & un autre Officier de Juftice, ou un Tabellion, tel que bon lui femblera nommer; & fi c'eft en celle de Vofge, les Commiffaires ordinaires, qui font fon Lieutenant, & le Greffier d'icelles Affifes, le tout pourvû qu'il n'y ait jufte caufe de récufation; auquel cas ledit Bailly en commettra d'autres non fufpects en leur lieu. Et en toutes fe préfige fur le champ délay, pour dans iceluy livrer & recevoir ledit Affein, & en dreffer Procès-Verbal, qui doit être dicté & lû aux Parties, ou à leurs Procureurs en leur abfence, & ce fur les lieux contentieux, cas que commodément fe peut faire, finon en celui de leur proche retraite, puis figné par lefdits Commiffaires.

II.

II.

Dans lequel délay eſt le Demandeur
tenu de faire ledit Affein, s'il ne ſur-
vient quelque défaut de la part deſdits
Commiſſaires, ou bien qu'il y ait autre
exoine légitime & raiſonnable ; & auſſi
tellement le faire (Partie duëment ſi-
gnifiée) qu'il ne doive être jugé mal
fait, ou pour avoir été plus aſſigné par
iceluy, qu'il n'auroit été requis par la
demande, & autrement fait choſe contraire au contenu en icelle ; ou pour
n'avoir déclaré & rapporté ledit Affein à
ladite demande ; ou qu'étant fait ſur pluſieurs & divers droits, ou choſes particulieres, il ſe trouve n'être fait ſur toutes les piéces portées en icelle demande :
car où il n'auroit été du tout fait, ou
que ce ne ſeroit dans le temps preſcrit
pour le faire, ou qu'il ſe trouveroit autrement mal fait comme deſſus, ledit
Demandeur ſeroit condamné de l'Inſtance & aux dépens : Et ſauf à luy, après
avoir refondé iceux dépens, de recom-
mencer ſon action, pourvû toutefois,
qu'elle ne fût cependant preſcrite.

III.

Si toutefois le Demandeur requiert
par ſa demande, un droit univerſel de
ſucceſſion, ou bien quelque piéce avec
ſes dépendances ; il ſuffit, au premier
cas, qu'en faiſant ſon Affein, il aſſigne,

O

ou fur la Maifon, fi aucune y en a, ou
fur une des piéces principales de ladite
fucceffion, en déclarant qu'il fuit généralement fur les autres & fur les dépendances d'icelles. Au fecond, qu'il faffe
femblablement Affein fur une des principales piéces, déclarant qu'il fuit fur
toutes les autres dénommées en fa demande, avec leurs dépendances, &
au contenu d'icelles.

IV.

Et s'il avient que pour l'empêchement des Commiffaires, ou autre exoine légitime, l'Affein ne foit fait dedans
le temps prefcrit, en doit le Demandeur faire remontrance en l'Affife à laquelle écherra la fin de fon délay, ou
bien à la prochaine qui fe tiendra, &
obtenir nouveau délay pendant le Siége
d'icelle, foit quand la Caufe s'appellera,
ou autrement.

V.

L'Affein fait & reçû par les Commiffaires, eft ouvert en l'Affife prochaine,
& communiqué aux Parties, pour en
revenir à l'autre fuivante, & procéder
fur iceluy, tant par fins de nullitez, à
caufe des folemnitez non y obfervées,
que pour être défectueux en la défigna-
tion des chofes contentieufes, tenans
& aboutiffans, & autres circonftances
d'icelles.

TITRE V.

DES GARANTS.

ARTICLE PREMIER.

APrès le terme d'Assein, vient celuy de Garant, lequel le Défendeur doit demander en l'Assise, pour à la prochaine immédiatement suivant, le nommer ; puis le faire ajourner par Lettres, qu'il levera au Greffe de ladite Assise, à la deuxiéme subsequente. Et lesquelles Lettres seront ouvertes & cachetées en placart du Sceau du Bailly, ou signées par le Greffier de ladite Assise, & délivrées audit Garant ; ou en son absence, à domicile, ou bien à l'un des principaux Officiers, & ce six semaines avant ladite deuxiéme Assise. Et s'en fera là délivrance & tradition par un Sergent du Bailliage ; ou à faute d'iceluy, par un Tabellion, en présence de deux Témoins, qui seront tenus d'en faire leur rélation contenant le nom de la personne, les jour, an, & lieux ausquels ladite délivrance en aura été par eux faite.

II.

Si toutefois ledit Défendeur, qui en cette pourſuite de Garant se rend Demandeur, est dilayant de faire ajourner les prétendus Garants, lui est par le Bailly, donné délay certain & compé-

O ij.

tent pour ce faire, ce requérant le
Demandeur originel. Et où n'y feroit
fatisfait, à la faute du Commis à faire
l'Ajournement, & non de la Partie,
en fera par ledit Bailly commis un
autre.

III.

Si le Garant ainfi appellé, compare
& accepte la Garantie, ou bien en cas
de refus y eft condamné, il en peut
fommer un autre à arriere-garant, fi
bon luy femble; & à ces fins le faire appeller en la même forte, que dit a été
pour le Garant. Que fi lefdits Garants
ou Arriere-garants, ainfi appellez &
ajournez, défaillent de comparoir par
trois fois, ils font pour le profit de cette
contumace, refpectivement condamnez
à prendre lefdites garanties & arriere-
garanties, & mettre hors de Cour celuy
qui les y aura fait appeller.

IV.

Si le Garant prétendu eft demeurant
hors le Bailliage (néanmoins fous même
fouveraineté,) & ajourné par Commiffion & claufe requifitoire, il tombe
en contumace; doit le profit d'icelle
être exécutée au profit du Demandeur
en garantie, de l'Ordonnance du Juge
de la Caufe principale, moyennant
Commiffion rogatoire au Juge ordinaire du Contumacé.

V.

S'il est d'autre Souveraineté, & il ne
compare au premier ou second ajournement, pour le dény qui fait aura été
du *Pareatis*; sera au Poursuivant donné
délay certain & compétent, à arbitrer
par les Juges, pour l'aller poursuivre
pardevant son Juge ordinaire. Et iceluy
passé, s'il a fait devoir, & il en fait
apparoir duëment, sera en l'arbitrage
desdits Juges de luy proroger ledit terme de Garant, s'ils trouvent que faire
le doivent.

VI.

Si le *Pareatis* s'octroye, est ledit Défendeur reçû à poursuivre sondit prétendu Garant ainsi ajourné, jusqu'à
contumace, laquelle encouruë, luy est
donné délay pour poursuivre l'exécution du profit d'icelle, ou autrement
procéder contre la contumace, ainsi
qu'il trouvera bon à faire. Et cependant
sera contraint de passer outre avec son
Demandeur originel, sauf son secours
comme dessus.

VII.

S'il avient que tel Demandeur en garantie soit débouté d'icelle, & n'ait
moyen d'y attirer son prétendu Garant,
il doit ou ceder à la Cause, ou sans autre ajournement s'offrir de se garantir
soy-même, & défendre de son chef.

En quoy faifant, ne luy peut être ob-
jeté que pour avoir demandé Garant,
& ne l'avoir amené, il ait par ce tacitement confeffé les faits du Demandeur,
ou autrement fait chofes préjudiciables
à la défenfe de fa Caufe.

VIII.

Et doit celuy qui prétend tel Garant,
foigneufement obferver de n'obmettre
à requerir & pourfuivre tous autres
termes dilatoires, précédans celui du
Garant, foit d'Avis, d'Affein, ou autre
femblable; même les ayant requis, n'y
doit renoncer, (que l'on dit communément *refraindre*,) fans le confentement
de celuy qu'il prétend attirer à Garant.
Autrement feroit iceluy bien fondé, à
caufe de telle obmiffion, de refufer la
garantie.

IX.

Quand il y aura plufieurs Garants
ajournez pour un même fait, qui com-
paroîtront & défaudront alternative-
ment, peut-être à intention de retarder
la Caufe; fera le Non-comparant, au
deuxiéme défaut duëment contre luy
obtenu, condamné à prendre la garantie à laquelle il eft appellé.

X.

Aux fins de quoy fera chacun Garant
ou Arriere-garant ajourné par Lettres
s'adreffantes particuliérement à luy, &
non à tous en general.

XXXXXXXXXXXXXXXXXXXXXXXXXXXXXXXX

TITRE VI.
DE LA CONTESTATION
au principal.

ARTICLE PREMIER.

TOus ces térmes paffez & courus, foit que le Défendeur originel demeure en Caufe, foit qu'il ait fourni de Garant ; lors doivent les Parties plaider au principal, fi ce n'eft qu'ayant Titres à produire, elles accordent de fe les entre-communiquer, pour en revenir à la prochaine ou autre telle Affife dont elles conviendront, & à laquelle elles font tenuës plaider de part & d'autre verbalement, & par un feul plaidoyé, & ce fait, conclure en droit : étant de là en avant forclofes de toutes propofitions de faits nouveaux, & productions de Titres, quels ils foient. Au Bailliage d'Allemagne, eft loifible de plaidoyer par écrit, fuivant l'établiffement des Affifes d'iceluy.

II.

Les Titres une fois produits en leurs Originaux, peuvent puis après être retirez du Greffe par le Produifant, moyennant Copies extraites d'iceux, duëment collationnées à leurfdits originaux, Parties qui font à appeller,

préfentes ou appellées ; & valent telles,
Copies comme lefdits Originaux.

III.

Vidimus non viciez , & approuvez,
par appenfion de Sceau autentique, font
foy comme les Originaux.

IV.

Les Plaidoyez & Appointemens de
Droit oüis , fi les Parties fe trouvent
contraires en faits , & qu'elles fe foient,
chacune offerte de faire apparoir des
fiens ; celle qui fe trouve avoir pofé les
plus preignans , eft reçuë à fa preuve ,
fans confiderer qu'elle foit Demandereffe ou Défendereffe ; & peut icelle
faire ladite preuve , tant par Témoins
que Titres , tels que bon lui femblera ;
ores bien qu'elle ne les eût produits en
plaidant la Caufe , fur laquelle elle aura été appointée à informer de fefdits
faits.

V.

Et quand bien le Défendeur n'auroit
autres faits & moyens de défenfe que
de nier ceux du Demandeur ; fi eft toutefois iceluy Demandeur chargé de la
preuve des fiens , & au refte n'eft toujours la preuve déférée qu'à l'une des
Parties , & jamais à toutes deux.

TITRE

TITRE VII.
DES PREUVES.
ARTICLE PREMIER.

LA Partie qui pour obtenir à ses fins, posera en plaidant faits sujets à preuve, devra avoir iceux dressez par intendits en écrit, pour les délivrer au Greffe, son plaidoyé fini & parachevé.

II.

Les faits & intendits étant réglez, sont députez Commissaires à la Partie, chargée de la preuve d'iceux, comme il a été dit pour l'Assein ; sauf qu'il est loisible aux Parties, soit l'une, ou toutes deux, de demander & avoir du Bailly pour Ajoints, aucun ou aucuns desdits Sieurs Juges, si bon leur semble, tels toutefois, qui ne soient justement suspects à l'une ny à l'autre d'icelles.

III.

La Partie ayant obtenu jour de ses Commissaires, pour faire son Enquête (& lequel devra être certain) est tenuë faire iceluy duëment intimer à sa Partie, à ce qu'elle se trouve à l'adjurande de ses Témoins, si faire le veut, soit sur la chose présente, ou ailleurs où l'Assignation sera donnée, y proposer, dire, & protester ce que bon luy semblera, & dont Procès-verbal devra être dressé.

P

IV.

L'Enquête reçuë, faite & rapportée
en Cour, si celuy contre qui elle a été
diligencée, a à propoſer quelques fins
de nullité d'icelle, ou bien de reproches
contre les perſonnes des Témoins y
ouïs, faire le doit avant que conſentir
à l'ouverture d'icelle, après avoir eu
toutefois communication du Procès-
verbal. Autrement ſont leſdites fins de
nullité & de reproches couvertes, &
ſauf à luy, après avoir eu l'Enquête en
communication, de contredire les di-
res & dépoſitions des Témoins y ouïs.
Et n'en pourront leſdits Greffiers refuſer copie aux Parties, ſi elles la leur de-
mandent, moyennant leur ſalaire raiſonnable.

V.

S'il n'y a aucunes telles fins à propoſer, ſont leſdites Enquêtes publiées, &
s'en fait lecture hautement; n'étoit que
les Parties s'accordaſſent d'en prendre
communication au Greffe, avec délay
pour en revenir. Et leſquelles néanmoins en pourront tirer dudit Greffe
Copie à leurs frais, comme deſſus,
comme auſſi des Actes de la Cauſe, &
productions y faites.

VI.

Revenantes icelles à la journée, celuy
qui prétend impugner ladite preuve

d'infuffifance, doit propofer le premier
les Caufes & Moyens de fon intention,
& la produifant, y défendre puis après.

VII.

Quant aux Exécutions des Sentences, Taux & Liquidations des dépens,
& levées adjugées par icelles, elles fe
font par le Bailly, ou de fon autorité
par gens à ce par luy commis & députez. Que fi les Parties tombent en difficulté fur le réglement d'icelles Exécutions; en ce peut-être que le condamné
maintient qu'il eft exécuté autrement,
ou plus avant que la Sentence ne doit
être entenduë ny s'étendre; le Bailly
en ordonne hors lefdites Affifes; l'Avis
des Sieurs Juges y affemblez, préalablement pris & entendu, pour ce notamment qui touche la chofe jugée en
fon principal.

VIII.

On plaidera dorênavant à fin des dépens & frais du tort, & fe taxéront
dépens, dommages, levées & intérêts,
dès le temps de la demande produite
en Cour.

*LE STILE DES ASSISES,
qui se tiennent au Bailliage de Vosge pardevant mesdits Sieurs de l'ancienne Chevalerie, & pardevant les
Prevôts dudit Bailliage, est conforme à celuy des Assises de Nancy,
hormis ès Articles concernans le fait
des Appellations cy-après déduites.*

TITRE VIII.

DES APPELLATIONS.

ARTICLE PREMIER.

LEs Sentences renduës ès Assises de
Vosge & d'Allemagne ne sont su-
jettes à Appel sur incident non important le principal de la Cause; mais seulement quand ils sont irréparables en
définitive; auquel cas y a appel qui
ressortit à celle de Nancy. Et telles sont
les Interlocutoires sur la Cause plaidée
au principal sur Assein bien ou mal fait,
sur preuves & enquêtes, & sur autres
tels Appointemens qui portent coup en
définitive.

II.

L'Appel se doit interjetter tout incontinent après la prononciation de la-

dite Sentence, & relever au Greffe, soit
en Jugement ou dehors, en fournissant
six francs, & ce dans quatre semaines;
puis à l'Assise suivante, se doit requerir
jour pour agréer les Ecritures.

I I I.

La forme de relèver & agréer telles
Appellations interjettées des Assises de
Vosge à celles de Nancy, est que dedans
quatre semaines l'Appellant doit fournir deux francs au Greffe, outre les six
francs portez en l'Article précédent;
& à l'Assise suivante requerir jour pour
agréer les Ecritures (comme dit est)
puis à l'autre prochaine les fournir de
part & d'autre, & agréer s'il y échet:
Et au cas que les Parties se trouveroient
contraires en cet agrément, être icelles
réglées en leur contrarieté par le record
des Juges, s'ils en sont souverains; sinon
par le serment que les Procureurs de la
Cause se pourront déférer l'un à l'autre.

I V.

L'Appellation ainsi agréée, le Bailly
commet un Echevin pour l'apporter
audit Nancy, & la délivrer au Bailly
dudit lieu étant en l'Assise: Et lequel, ce
fait, commet le même Echevin, ou un
autre, pour la faire vuider promptement; si non elle demeure au Greffe,
pour être rapportée en l'Assise suivante, & délivrée close & fermée, audit

Echevin commis, s'il est présent ; & où il seroit absent, est loisible au Bailly d'y en commettre un autre, pour vuidée qu'elle sera, être rapportée aux Assises de Volge ou d'Allemagne par le Gentil-homme qui l'aura apportée à celle de Nancy, ou à tel autre qu'à son absence ledit Bailly aura commis.

V.

Outre qu'esdites Assises de Nancy les Juges d'icelles connoissent en premiere instance des causes & matieres cy-devant déclarées ; encore sont-ils Juges en dernier ressort des Appellations qui sont immédiatement interjettées & re-çuës des Siéges des Bailliages, & de toutes autres venantes médiatement des Justices inférieures ; pour lesquelles vui-der, suffit le nombre de six avec le Bailly, lequel opine le premier, & reçoit les voix & suffrages des autres.

VI.

Encore ès Assises de Nancy (mais en nombre pareil que celuy qui est requis à juger les Causes qui y sont verbale-ment audiencées, & y assistant le Bailly) sont-ils Juges des Appellations qui s'in-terjettent des Jugemens rendus ès Assi-ses de Volge sur asseins jugez bien ou mal faits au principal, & en définitive : Comme aussi de celles interjettées des Assises du Bailliage d'Allemagne, suivant le Réglement sur ce établi à l'érection d'icelle.

VII.

Ladite Appellation rapportée en Jugement au lieu superieur, l'Appellant est tenu requerir en la même Assise, que l'Intimé soit ajourné, pour voir l'ouverture d'icelle ; ce qui luy est octroyé par le Bailly ; & à ces fins doit lever Lettres d'ajournement du Greffe, portantes Assignation à l'Assise suivante ; & s'il ne fait devoir de faire lesdites requises, l'Intimé les peut faire.

VIII.

Les autres Appellations venantes des Siéges ordinaires des Bailliages, ou des Justices inférieures, doivent être vuidées après le Siége desdites Assises ; en l'Hôtel de Monseigneur, selon l'ordre ou temps auquel elles ont été fournies, & sans aucunes acceptions de personnes ; si ce n'est que ce soient des Causes requerantes célérité plus grande que celles qui les précéderont audit ordre ; puis doit être dressé Rôlle par le Greffier des vuidées à chacune Assise, & attaché en l'Auditoire des Causes ordinaires du Siége de Nancy, à ce que les Parties en soient tant mieux averties & certifiées.

✳✳✳

STILE

POUR L'INSTRUCTION
des Procès ès Siéges, tant superieurs des Bailliages de Nancy, Vosge & Allemagne, qu'inferieurs des Prévôtez & Mairies étant ès Districts & Ressorts d'iceux.

TITRE PREMIER.

DE LA QUALITE' DES JUGES,
& matieres traitables pardevant eux.

ARTICLE PREMIER.

LEs Baillis, ou leurs Lieutènans, décernent les Ajournemens ès Siéges ordinaires de leurs Bailliages, soit pour commencer les Procès, soit pour les continuer ; donnent les délais de vuë de lieu, d'assein, de garant, de preuve, & autres semblables, concernans l'Instruction des Procédures ; font exécuter les Sentences renduës sur icelles ; nomment d'entre les Juges, Commissaires pour recevoir lesdites vuës de lieu, assein, enquêtes, & preuves, à l'instance

du Clerc-juré ; décernent Commiſſions ; octroyent, différent ou dénient
les Défauts ; ſi ce n'eſt que les Parties
tombantes ſur ce en contrarieté, ſoient
reçuës à faire connoître par droits de
tels octrois ou dénis ; auquel cas y eſt
ordonné par les Juges, de même que
ſur toutes autres difficultez, dont leſdites Parties s'appointent en droit.

I I.

Connoiſſent leſdits Baillis, ou leurs
Lieutenans, de l'octroy ou déni des
Sauve-gardes requiſes, & de leur in-
fraction ; pourvoyent au cas des forces
publiques & monopolieuſes, ſelon l'exigence du cas.

I I I.

Les cas de force & d'autorité privée
ſeront traitez extraordinairement &
ſommairement, nonobſtant les feries &
vacances des Fenaiſons, Moiſſons &
Vendanges. Et ſi leſdits cas ſont atten-
tez ou commis par Gentils-hommes,
Nobles, ou autres perſonnes juriſdiciables au Bailliage à cauſe de leur fran-
chiſe ou privilége ; le ſpolié en recher-
chera la radreſſe ; ſçavoir au Bailliage
de Nancy, pardevant le Bailly, ou ſes
Lieutenans, Maître-Echevin, Echevins, & Juges des Siéges d'iceluy ; ès
Bailliages de Voſge & d'Allemagne,
pardevant les Baillis, ou leurs Lieute-

nans. Si c'eft par perfonnes Roturieres,
la connoiffance en appartiendra aux
Gens de la Juftice, fous la jurifdiction
defquels la chofe fpoliée fe trouvera
affife & fituée, en baillant bonne &
fuffifante Caution par celuy à qui la Provifion fera adjugée en ladite Inftance,
de rendre & reftituer la Caufe décidée
en fon principal ; & s'il y échet, ce
qu'il aura obtenu au moyen de ladite
Provifion, & fans préjudice du droit
des Parties au plein poffeffoire, duquel
ne pourront juger lefdits Baillis, ny
leurfdits Lieutenans, ains de ladite Provifion feulement ; demeurante la connoiffance dudit Poffeffoire pleinement
aux Juges qu'il appartient, conformément au Stile d'un chacun Bailliage.

I V.

Que les Procureurs poftulans feront
tenus par chacun an, à la premiere Audience d'après des Rois, prêter & re-
nouveller leur ferment. Et fi en la dé-
duction de la Caufe, ils prennent terme
de Garant, Arriere-garant, ou autrement propofent quelques faits fans inftruction de leurs Parties, d'où on puiffe
tirer préfomption de calomnie à l'encontre d'eux ; ils feront auffi tenus en tous
les Actes d'icelle, Partie ce requerant,
& le Juge trouvant la matiere y être
difpofée, de prêter le ferment de ca-

lomnie ; laquelle apparoiſſante, ils en
feront mulctez ſelon la qualité d'icelle,
comme auſſi les Parties, en tous cas où
elles ſe trouveront avoir calomnié.

V.

Que les Tabellions, ou autres qui
ſçauront écrire, & feront employez
pour Clerc-juré, ne ſe devront immiſ-
cer à cette Charge, qu'ils n'ayent préalablement prêté le ſerment ès mains du
Seigneur Juſticier du lieu, ou de ſon
Officier, de bien & duëment s'en acquitter ; & étans ainſi inſtituez, feront
tenus recevoir en Jugement les Ecritures & Productions des Parties, les garder, & en rendre compte ; même rédiger
en écrit les Actes réglans les Procédures
y démenées ; & moyennant ce, tels
Actes ainſi reçûs & paſſez, font foy de
ce que fait & plaidé aura été eſdits
Siéges par les Parties ; pourvû que par
Acte valable & autentique, il paroiſſe
de l'inſtitution deſdits Clercs-jurez faite
auparavant, & non autrement.

TITRE II.

DES AJOURNEMENS, LETTRES
de Bailly, Demandes, Procurations,
Fins déclinatoires & dilatoires.

ARTICLE PREMIER.

EN tous les Siéges des Bailliages de Nancy, Vosge & Allemagne, comme aussi des Prévôtez & Mairies des Villes, Bourgs & Villages d'iceux, il n'y aura qu'un Ajournement, soit par écrit, ou verbal, & lequel devra être libellé, & déclaratif de l'action ; & ce tant ès Actions personnelles, possessoires, mixtes & réelles, que ès oppositions, main-levées & récréances ; & ne sera plus procédé esdites Actions réelles par conduite, ainsi qu'il se souloit faire du passé.

II.

Lesdits Ajournemens en écrit se feront par Letrtes ouvertes, & cachetées en placard du Scel du Bailly, ou de son Lieutenant. Seront libellées, & contiendront sommairement la demande de l'Impétrant, causes & moyens d'icelle, à ce d'en revenir prêt à défendre par le Défendeur au jour de l'Assignation, qui ne devra être plus bref que de huitaine : Et sera d'abondant certain, & désigné par sa datte en cette forte : *Au Mardy ou Jeudy tantiéme d'un tel mois.* Et pourra l'Impétrant les délivrer luy-même à sa Partie, ou bien les luy faire délivrer par un Sergent, si bon luy semble. Seront lesdites Lettres conçues en Action possessoire, en telle & semblable maniere.

A... Bailly de Nancy, ou B... Lieutenant, à vous... Salut. De la part de D... demeurant à.... Nous a été dit & remontré, que combien à bons & justes titres à dire & déclarer en temps & lieu, il soit possesseur, &c. ce néanmoins depuis an & jour en çà, vous vous êtes ingéré de vous y instruire, faisant ou ayant fait faire, au préjudice de ses droits de possession & jouïssance, tel acte de trouble, &c. Requerant que le tout soit déclaré avoir été par vous fait & attenté induëment & de nouvel; & que pour réparation de ce, vous soyez condamné à le tenir pour nul, le réparer, & mettre en son pristin état & dû, avec dépens, &c. Et pour à ce vous voir condamner, ou dire les causes pourquoy faire ne se doivent, vous soyez ajourné au premier Jeudy plaidable après la S. Martin prochaine, qui sera le.... jour du mois de Novembre : Par quoy vous mandons & ordonnons qu'ayez ausdites fins à comparoir pardevant Nous, & les Maître-Echevin & Echevins de Nancy, Lunéville, &c. ou autrement sur ce dire & proposer telles autres fins pertinentes que verrez bon à faire.

III.

Et s'il avient difpute entre l'Impétrant & l'Ajourné fur le temps de la
délivrance defdites Lettres, ou en quelqu'autre maniere, elle fe vuidera par
ferment déféré de partie à autre, ou
autre moyen légitime.

IV.

Pour le regard des Significations &
Ajournemens qui fe font à autre fin que
de la production de la demande; fuffit
qu'il y ait un jour entier d'intervalle
entre celuy auquel ils fe feront, & celuy
auquel écherra l'Affignation; & n'y en
pourra avoir moins, encore que celuy
qui eft fignifié ou ajourné, réfide au lieu
même de l'Affignation, ou en autre non
gueres éloigné d'iceluy : car où il feroit
de quelque plus longue diftance, conviendra, proportionnément à icelle, &
eû égard à la faifon, proroger le temps
de ladite Affignation; de forte qu'outre
celuy qui fera befoin pour s'acheminer
à icelle, il y refte un jour entier, ou
pour fe préparer de réponfe (comme
deffus) ou bien pour fe faire exoiner,
s'il y échet; autrement feroit ladite
Affignation précipitée, & à ce moyen
déclarée nulle.

V.

Ladite Partie affignée eft tenuë rapporter, au jour de l'Affignation, ladite

Lettre d'Ajournement, pour servir à l'Impétrant de demande ; & avenant qu'elle ne la rapporte, est loisible audit Impétrant de présenter la Copie ou la Minute d'icelle, qui sera reçuë au lieu de l'Original, sans moyens au Défendeur de former sur ce aucun incident, & dire qu'elle n'est conforme audit Original : N'étoit que pour n'avoir été l'Ajournement fait compétemment, & pour être conséquemment le défaut mal obtenu, ou bien pour quelques autres raisonnables considerations, les Juges trouvassent ledit Défendeur récevable à former ledit incident ; & s'en devra faire l'enrégistrement de cette sorte :

C... demeurant, &c. ayant fait assigner à cejourd'huy, ou (si l'Assignation premiere a été continuée) à un tel jour revenant au présent par continuation, a ledit D... assigné, comparant en personne, ou par A... son Procureur ad acta, ou si c'est par Procuration, fondé de Procuration rapporté la Lettre de l'Ajournement ; laquelle ayant ledit Demandeur comparant, &c. employé pour demande, contient que combien, &c.

VI.

S'il est question de donner Lettres de Justice à Prélats & personnes Ecclésiast tiques, ou à Gentils-hommes, il suffit de les délivrer à leurs personnes; & en leur absence, à leur Majeur, ou à l'un de leurs principaux Officiers, sous la charge desquels sera la chose contentieuse. Si c'est à un Collége, Chapitre, Communauté de Ville, Confrairie, Compagnie de Métiers, ou autres telles Communautez, il suffit de les délivrer au Chef, Doyen, Prévôt, Syndics, Commis de Ville, Maîtres ou Superieurs desdites Confrairies, Compagnies & Communautez; & si elles ne peuvent être délivrées aux personnes sus-nommées, seront attachées à la porte de leur domicile, en présence de deux Recors.

VII.

Si l'Ajournement est requis & ordonné verbalement contre plusieurs particuliers, il doit être notifié à chacun d'iceux par le Sergent qui en fera la notification.

VIII.

Le domicile est censé être où la personne a fait sa résidence, & a eû feu & lieu par an & jour: mais s'il avient qu'elle ait plusieurs Maisons, & fasse sa demeurance en chacune d'icelles par divers temps de l'année, son domicile est tenu être en celle où il habite le plus communément.

IX.

IX.

Sergens ne doivent faire Exploits
fans Commiffion expreffe, verbale ou
par écrit des Bailly, Prévôt, Maire, ou
leurs Lieutenans; ou en leur abfence,
d'un autre membre de Juftice les repré-
fentant, & ce à peine de nullité efdits
Exploits, & d'en être punis comme
d'abus felon la qualité d'icelui; & doivent lefdits Sergens non-feulement mettre en la relation de leurs Exploits,
le jour d'iceluy, mais auffi déclarer à la
perfonne de qui on fait l'Ajournement
ou fignification de leurdit Exploit, &
la réponfe qui leur aura été fur ce
faite.

X.

Procureurs poftulans ne font tenus
recevoir Ajournemens, Significations
ou Intimations pour leurs Parties (fi
bon ne leur femble) n'étoit qu'elles
euffent élû chez eux leur domicile.

XI.

Ès Juftices inferieures, tels Ajournemens fe décernent peu fouvent par
écrit. S'il avient toutefois que les Juges
l'octroyent ainfi, Partie ce requerante,
y devra être fuivie la même forme
qu'au Bailliage.

XII.

Si le Demandeur compare par Procureur, devra ledit Procureur exhiber fa

Q

Procuration quant & la demande, afin
de voir fi elle eft en forme duë ; ou s'il
eft Procureur conftitué au Régiftre,
le noter au deffous de la demande ; enfemble le jour auquel il aura été conftitué, à ce de fervir aux Actes de la
Caufe ; le tout à peine d'être ladite demande rejettée.

X I I I.

Si le Demandeur eft réfidant hors le
Bailliage, il fera tenu de donner Caution fuffifante, fujette & reffeante en
iceluy, & y élire domicile, avant que
d'être reçu à procéder en la Caufe. Où
toutefois il n'auroit moyen de ce faire
promptement, ne laiffera d'y être paffé
outre pour ce coup, à la charge néanmoins d'y fatisfaire à la prochaine Juridique, & ce à peine des dépens du
retardement du Procès.

X I V.

La Demande produite, fi le Défendeur compare, & il a quelques fins déclinatoires & de renvoy, doit les propofer en premier lieu, puis les dilatoires ; autrement paffant aux dilatoires,
comme de non-répondre, non-recevoir,
& de litifpendance, font les déclinatoires tenuës couvertes, & n'eft plus
recevable à les propofer.

X V.

Toutefois encore qu'avant la litif-

conteftation, les Parties qui ont quelque caufe de récufation à propofer,
foient tenuës de ce faire ; fi eft ce qu'en
tous endroits de la Caufe elles y font
reçuës, en fe purgeant par ferment,
que plûtôt lefdites caufes ne font venuës
à leur notice & connoiffance.

X V I.

Procurations paffées par Evêques,
Chapitres, Abbayes, Colléges, Mo-
nafteres, Prieurez, Communautez d'E-
glife, & par Gentils-hommes, feront
reçuës en Cour Laye, fous leurs Sceaux
toutefois bien reconnus.

X V I I.

Si le Défendeur comparant, propofé
lefdites fins de renvoy, il eft tenu déclarer fpécifiquement le Juge & le lieu
où il prétend devoir être renvoyé, autrement n'y eft reçû ; & doit fur les fins
dudit renvoy plaidoyer le premier, de
même que fur les fins de non-répondre,
fi aucunes il en propofe.

X V I I I.

Encore que toutes actions poffeffoires
foient annales, fi fuffit-il, pour empêcher leur prefcription, que l'Ajournement foit donné dedans l'an & jour, à
celuy qui a fait le trouble.

X I X.

Si ayant Partie demandereffe produit
avec fa demande quelques Requêtes,

Decrets ou autres Enſeignemens, le Défendeur en requiert Copie ou Extrait pour en revenir, & il luy eſt octroyé ; n'importe telle requiſe (ſoit accordée ou non) conteſtation en Cauſe ; & n'empêche le Défendeur, quand il en reviendra, de propoſer ſes fins déclinatoires ou dilatoires, ſi aucunes il en a.

XX.

Que toutes plaintes d'injures & de délits doivent être formées dedans la huitaine, à peine de déchéance, tant ès Siéges des Bailliages, que des Prévôtez & Mairies.

XXI.

Et s'il échet diſpute, ſçavoir ſi la plainte a été formée dedans la huitaine ou non, le Plaignant ſera pour toute preuve reçû à le ſoutenir par ſerment ; ſçavoir qu'il a formé ſa plainte dedans les huit jours après que l'injure lui a été dite, & le délit inféré, ou qu'il eſt venu à ſa connoiſſance.

XXII.

Si l'Héritage eſt aſſis en un Ban & Finage où il y ait pluſieurs Seigneurs ayans leurs Mairies & Juſtices ſéparées, pour le regard des hommes & actions perſonnelles, le Ban étant néanmoins entr'eux commun & par indivis ; en ce cas tous les Maires ſeront requis, puis, tenus, requis & interpellez, qu'ils en

feront en leur personne ou à domicile,
de s'assembler, pour connoître de l'action qui s'intentera pour ledit Héritage ;
& s'ils ne s'y trouvent, en jugeront les
présens, sans préjudice des droits des
autres Seigneurs. Le même se fera pour
le regard des actions mixtes, comme
font celles qui s'intentent en partage de
Succession, & chose commune, Abornemens d'héritages, Retraits lignagers,
& autres semblables ; si donc il n'y avoit
Maire commun, qui seul eût la connoissance desdites actions.

✳✳✳✳✳✳✳✳✳✳✳✳✳✳✳✳✳✳✳✳✳

TITRE III.
DES DE'FAUTS.
ARTICLE PREMIER.

LEs Parties ajournées, si le Demandeur ne compare, ou comparant
n'est prêt de produire sa demande, ou
bien de procéder avec le Défendeur en
quelque autre maniere, défaut congé est
octroyé audit Défendeur ce requerant,
avec dépens, & le Demandeur déclaré
déchû de son Instance, sauf à luy de se
pourvoir de nouveau, & pour une fois
seulement ; & ce au cas que l'action ne se
fût cependant prescrite, & en refondant
les dépens de ladite Instance.

II.

Si le Procureur du Défendeur ne fait promptement apparoir de fa conftitution, foit par Lettres de Procuration fcellées & en forme probante, foit par le Régiftre des Fondations, fera contre lui octroyé défaut, n'étoit qu'il fût reçû par fa Partie à procéder, & à la charge de fe faire avoüer dans les prochains jours; autrement il encourra le défaut, & la peine d'iceluy.

III.

Si le Défendeur ne compare au premier Ajournement, il tombe en défaut, en haine duquel il demeure for-clos dès fins de renvoy qu'il eût pû ou pourroit par après propofer, venant à autre feconde journée.

IV.

S'il ne compare au deuxiéme, il encourt fecond défaut, & déchet de fes fins de non répondre, & autres dilatoires.

V.

Défaillant au troifiéme, il encourt contumace, déchet de fes fins péremptoires & perd fa Caufe, fans être plus reçû ny admis à propofer aucunes exceptions ou défenfes, fi ce n'eft que fur un quatriéme Ajournement à lui fait d'abondant, pour voir adjuger le profit de ladite contumace, il eût moyen de purger icelle par quelque exoine ou excufe pertinente.

VI.

Depuis contestation en Cause, si l'une ou l'autre des Parties chet en défaut pour quelque cause que ce soit, ne porte ny le premier ny le deuxiéme autre profit à la Partie qui l'aura obtenu, que des dépens du retardement du Procès ; si ce n'est qu'elle en ait de suite légitimement obtenu jusques à trois, qui font la contumace parfaite, lui important gain de cause.

VII.

Toutefois ès Siéges des Bailliages, est loisible aux Parties appellées en défaut, se présenter par tout le jour, séant encore le Juge pour l'expédition des Causes, & en obtenir le rabat, en restituant les dépens préjudiciaux, & passant outre à la Cause.

VIII.

Et combien que la Partie tombée en défaut, soit tenuë sur le champ des dépens préjudiciaux, avant même qu'être reçuë à procéder ; si est-ce qu'elle ne doit être exécutée pour la peine dudit défaut, que la Cause ne soit depuis l'octroy d'iceluy rappellée, & qu'il soit connu s'il aura été bien ou mal obtenu ; afin que celuy qui se trouvera au tort, soit exécuté pour ladite peine, selon qu'il en sera ordonné par le Juge.

IX.

Défauts ne tiennent rôlle, ains peuvent les Impétrans d'iceux faire réadjourner la Partie qui les a encourus, aux prochains jours, ou aux autres suivans, & se présenter contre elle à celui auquel ils l'auront fait réassigner, sans attendre l'appel de la Cause à son tour de rôlle; n'étoit doncques que telles présentations fussent continuées.

TITRE IV.

DES·ASSEINS ET VUE DE LIEU.

ARTICLE PRÉMIER.

ES Actions de complaintes en cas de nouvelleté, de recréance, & de main-levée, convient après les fins déclinatoires, de renvoy, ou dilatoires, que le Défendeur requiere vûë de lieu, & que pour la recevoir, luy étant Commissaires députez, & Commissions décernées par le Bailly, son Lieutenant, ou représentant, le Demandeur la diligence dedans le délay à luy préfigé : Autrement si elle n'a été faite dedans iceluy, il déchet de l'Instance, & demeure aux dépens d'icelle ; sauf à se pourvoir de nouveau dedans l'an du trouble ; si ce n'est que le défaut vienne de la prorogation donnée par les Commissaires, ou qu'il y ait autre exoine légitime.

II.

II.

S'il s'agit poſſeſſoirement de quelque Droit univerſel, & de Succeſſion, ou s'il eſt queſtion de Retrait lignager, leſdites vûës de lieu & Aſſeins n'y ſont reçuës.

III.

Sſ' c'eſt de Droit, & choſe particuliere, il les convient particuliérement faire ſur toutes les pièces portées en la demande, ſelon qu'elles y ſont ſpécifiées & contenuës. Que ſi elles ſe font autrement, ou que l'Aſſignation du jour de la délivrance d'icelles ne ſoit duëment notifiée, elles doivent être déclarées nulles ou mal faites, comme défectueuſes en leur formalité; n'étoit que Parties préſentes, jour certain fût pris ou donné judiciairement, pour en faire ladite délivrance, auquel cas ne ſeroit beſoin d'autre ſignification.

IV.

Que ceux qui tiendront les Aſſeins, vûës de lieu & Enquêtes pour faites, & (comme on dit) refraindront à icelles, après que leurs Parties à leur inſtance auront été appointées à les faire, encourront une amende de dix francs, ſi dedans quinzaine après ladite vûë de lieu, ou Aſſein requis, ils n'y refraindrent.

R

✶X✶X✶X✶X✶X✶X✶X✶X✶X✶X✶X✶X✶X✶X✶X✶

TITRE V.
DES GARANTS.
ARTICLE PREMIER.

SI l'Appellé à garant, est demeurant hors le Bailliage, il sera tenu, àprès avoir pris la garantie, & avant que procéder avec le Demandeur originel, donner bonne & suffisante caution, & élire domicile, suivant ce que dit a été pour le Demandeur, au douziéme Article du Titre des Ajournémens. Et se devront dresser les Ajournemens des Appellez à garant, en cette maniere :

II.

A... Bailly de Nancy, ou B... Lieutenant, à C... Salut. De la part de D... demeurant à... avons requis vous faire ajourner; pour lui porter garantie de telle demande que E... d'un tel lieu luy fait sur la possession ou proprieté d'une telle Maison ou Héritage, ou de telle chose qu'il prétend luy être dûë par Obligation, Cédule ou Promesse, ou comme Héritier d'un tel, &c.

III.

En Action personnelle, naissante d'Obligation, Cédule, Promesse & Contract, Requête formelle de Garant importe confession de la chose demandée.

IV.

En Action possessoire, de recréance,

ou de main-levée, Garant demandé,
importe aveu du fait du trouble de la
Gagere, Défenfe, Commandement,
ou autre Exploit dont il eft plainte par
la demande, & non du Droit contentieux.

V.

Et fi dedans le jour donné pour fommer & faire appeller ledit Garant, le
Demandeur en garantie ne fait devoir
de le faire ajourner, fe préfenter, &
procéder contre lui au jour de l'Affi-
gna·ion, il déchet de Caufe en toutes
lefdites Actions: comme auffi, fi ayant
fait ce devoir à ladite premiere Affignation, il ne continuë à toutes les autres fuivantes, & fait apparoir de fes
diligences à chacune juridique, fans
attendre aucun tour de rôlle; il déchet
de Caufe efdites Actions.

V I.

Si toutefois au jou: qu'il devoit amener fondit Garant, il préfente fe garantir
de foy-même, il y eft reçû, fans qu'on
puiffe prétendre contre lui aucune déchéance, pourvû qu'il paffe outre au
principal, foit qu'il ait protefté ou non
de fe garantir foy-même ; à la charge
toutefois de procéder fur le champ, &
paffer outre au principal.

V I I.

Si l'Action eft pétitoire, ou autre-

R ij

ment pure réelle, la requife du Garant
n'importe au Défendeur aveu aucun,
ny confeffion des faits du Demandeur,
& ores qu'au jour affigné pour amener
fon Garant il n'y ait fatisfait, ny fait
offre de fe garantir foy-même, il ne
tombe pour ce en aucune déchéance.

VIII.

Si elle eft hypotécaire, & l'hypotéque eft tenuë par un Tiers, qui n'ait
lui-même, ou par Procureur, contraċté
la dette, ou le Cens pour lequel l'Aċtion
eft dreffée, & il requiert fon auteur à
garant; n'importe cette requife à l'un
ny à l'autre, confeffion tacite ou expreffe de la chofe prétenduë, par le
Demandeur originel. Si la dette eft de
fon fait, ou qu'il foit appellé comme
Héritier du Detteur originel, & il demande Garant, il eft cenfé tacitement
la confeffer.

IX.

Si ladite Aċtion naît de Cédule, ou
autre Ecriture privée, par laquelle aucunes piéces d'Héritages ou Seigneuries
foient hypotéquées; le Detteur, quelque part qu'il foit demeurant, peut être
convenu pardevant le Juge, en la Jurif-
diċtion duquel la chofe eft fituée, felon
la qualité & condition d'icelle.

X.

On peut appeller à Arriere-garant

jufqu'à ce qu'on foit venu à celuy qui
doit demeurer en Caufe, en y obfer-
vant les mêmes formalitez que pour le
Garant originel.

X I.

Le Défendeur ayant amené fon Garant en Cour, luy eft néanmoins loifible
de demeurer en Caufe, & défendre avec
lui conjointement ou divifément ; afin
d'obvier à la collufion qu'il pourroit faire
avec le Demandeur originel.

X I I.

Si lefdits Garants ou Arriere-garants
font demeurans hors le Bailliage, &
toutefois fous même Souveraineté, &
ajournez qu'ils feront par commiffion
du Bailly ou de fon Lieutenant, portante
claufe rogatoire, & de l'autorité & permiffion de leur Juge ordinaire, ils tombent en contumace ; le profit d'icelle,
qui importera gain de caufe à l'Impétrant, doit être exécuté de l'ordonnance
du Juge de ladite Caufe, après l'avoir
requis par fa commiffion au Juge ordinaire des contumaces ; & lequel,
moyennant telle requifition, n'en doit
faire refus aucun.

X I I I.

S'il eft d'une autre Souveraineté, &
il ne compare, au refus peut-être que
fera fon Juge ordinaire d'octroyer ledit *Pareatis* ; fera fur le champ donné

R iij

au Pourſuivant délay certain. & compétent, à arbitrer par le Juge de la Cauſe, pour l'aller pourſuivre devant ſondit
Juge ordinaire; & iceluy paſſé, ſera
contraint de ſe défendre de ſon chef,
ſi doncques il ne fait apparoir de ſon
devoir & diligence, ſoit par Atteſta-
tion des Juges, du Greffier, ou autrement dûement.

XIV.

Si le *Pareatis* s'octroye, eſt ledit Demandeur en garantie reçû de pourſuivre
ſondit prétendu Garant ainſi ajourné,
juſqu'à contumace; laquelle encouruë,
luy eſt donné délay certain pour pourſuivre l'exécution du profit d'icelle, ou
bien autrement procéder contre le contumacé, comme il trouvera bon à faire:
Et lequel délay expiré, ſera iceluy Demandeur en garantie contraint de paſſer
outre avec le Demandeur originel, &
ſauf à lui ſon recours contre ſondit prétendu Garant. Pourra néanmoins le Juge le luy proroger, s'il trouve que faire
ſe doive.

XV.

Es Actions d'injures & délits perſon-
nels, eſquelles le plaintif doit être fait
dans la huitaine, les Défendeurs ne ſont
reçûs à ſommer aucun à garant, non
plus qu'en action de Retrait lignager,
& pour faute, erreur, dénis, abus, ou

malverſation commiſe en Juſtice : Bien
peuvent les Parties, qui de tels Actes
prétendent profit, ſe joindre en la Cauſe
pour leurs intérêts, ſi faire le veulent.

X. V I.

És Cauſes & Actions de délits réels,
faits à voye de force privée au Fond
d'autruy, eſt le Défendeur originel
reçû à nommer & faire convenir ſon
Auteur pour Garant : n'eſt par ce toutefois, non plus que ſondit prétendu
Garant, exempt de la peine de l'amende ordinaire, ou autre à arbitrer par le
Juge, ſelon la qualité du délit, s'il y
échet, & eſt trouvé que faire ſe doive
par raiſon.

X V I I.

N'eſt l'Appellé à Garant tenu de porter garantie au Défendeur originel de
la choſe contentieuſe, s'il a défailli de
requerir & pourſuivre tous les termes
de Juſtice accoûtumez, avant celui dudit Garant.

※⟨※⟩※⟨※⟩※⟨※⟩※⟨※⟩※⟨※⟩※⟨※⟩※⟨※⟩※

TITRE VI.

DE LA CONTESTATION
au principal.

ARTICLE PREMIER.

APrès le terme de Garant, & que
les Parties ont été réglées ſur les

difficultez d'iceluy, elles doivent plaider au principal, & propofer leurs fins péremptoires verbalement, afin d'y être ordonné par le Juge fur le champ ; fi ce n'eft que pour bonnes confiderations il les appointe à écrire ; ce qu'il ne devra faire qu'ès Caufes efquelles il y aura appel, ou qui feront de telle importance & difficulté, qu'il juge devoir être ainfi fait pour plus ample connoiffance d'icelles.

I I.

Peuvent toutefois les Parties prendre d'elles-mêmes appointemens d'écrire, fi bon leur femble, fans qu'elles foient auparavant tenuës de plaider verbalement, & de s'entre-communiquer par même moyen les piéces qu'elles prétendent employer à leurs fins.

I I I.

Et lors qu'elles ont pris tel Appointement d'elles-mêmes, fi leur conteftation fe trouve imparfaite, en ce peut être que l'une ou l'autre n'auroit contefté fur faits pofez par fa Partie, & pour tout rencontré icelle de droit ; peut le Juge, avant faire droit fur leurs Ecritures, les régler, en leur ordonnant de ce faire par autres Ecritures d'additions, ou autrement, felon qu'il verra être expédient faire par raifon.

I V.

Plaidantes les Parties verbalement, fi le Défendeur eft interpellé par le Demandeur de produire les Titres & Documens dont il prétend fe fervir, & il n'y fatisfait avant que le Demandeur ait conclu en Droit, il n'y eft plus recevable.

V.

Auffi ayant ledit Demandeur conclu en Droit, il eft forclos de toutes productions litterales, defquelles il voudroit fe fervir; fauf, s'il eft reçû à faire Enquête, de les y employer, comme fera dit cy-après.

V I.

Délais donnez pour fournir d'Ecritures fur incident au principal, ou fur agrémens d'Appellations, ne font péremptoires pour l'égard de l'Intimé; ains faut qu'il foit contumacé par trois Défauts confécutifs, avant que de l'en déclarer déchû, & l'étant, ne déchet pour ce de fa Caufe au principal, ains feulement de ce qui venoit lors à faire; fi ce n'eft que cette Caufe foit en matiere d'exécution : car en tous Actes d'icelle, un feul Défaut porte contre l'exécuté perte de la Caufe en fon principal, & au Demandeur, de l'Inftance.

V I I.

Si pendant un Procès entre deux ou

plufieurs Parties, un Tiers prétend y
avoir intérêt, foit en la poffeffion ou en
la proprieté de la chofe contentieufe,
ou bien en autre maniere, quelle elle
foit ; il lui eft loifible, la chofe étant
encore en fon entier, d'y intervenir, &
requerir d'être reçû audit Procès pour
ce qui touche fondit intérêt ; & n'eft de
befoin, pour à ce être admis, qu'il faffe
ajourner lefdites Parties à cet effet.

VIII.

Le même loift au Procureur de SON
ALTESSE, & autres Procureurs d'Office ès Seigneuries de leurs Charges ; car
ils peuvent être reçûs Parties en tous
Actes de la Caufe ; voire requerir,
après la définition d'icelle, d'en avoir
communication, pour y dire ce qu'ils
trouveront être de l'intérêt du Fifc &
du Public : Et où lefdits Procureurs-
Généraux ou d'Office prendroient la
Garantie en quelque Caufe qui ne tou-
chât le fait de SON ALTESSE, ou de
leur Office, fera loifible à la Partie qui
y aura intérêt de les en pourfuivre en
leur pur & privé nom, pour tous dépens, dommages & intérêts qu'elle
aura encourus au moyen de la Garantie
ainfi par eux prife.

TITRE VII.
DES PREUVES.

ARTICLE PREMIER.

SI sur le plaidoyé verbal des Parties, le Juge appointe à preuve l'une ou l'autre d'icelles, il lui sera loisible employer aux fins de ladite preuve, tels Titres, Lettrages & Documens qu'elle pensera y servir & valoir, encore qu'elle eût obmis, en plaidant sa Cause, de les produire.

II.

La Partie qui pour obtenir à ses fins, posera en plaidant faits sujets à preuve, devra en avoir dressé intendits par écrit, pour les délivrer au Greffe, son plaidoyé fini & parachevé, selon qu'il est dit au Stile des Assises, *Titre 7. Article premier.*

III.

Si en dressant lesdits intendits, la Partie accumule tous ses faits en un, sans les distinguer & séparer l'un de l'autre, & il avient qu'elle défaille à la preuve d'un d'iceux, celle qu'il aura fait des autres, luy est inutile, qui est ce qu'on dit : *Que qui défaut en l'un, déchet de tous.*

IV.

Si elle les a articulez distinctement par intendits divers & séparez, elle ob-

tient pour l'égard de ceux qu'elle a vé-
rifiez ; pour les autres , non.

V.

Et ores que le Juge accumulât par fon
interlocutoire à preuve, tous les faits
en un , pourra néanmoins la Partie
chargée d'icelle, les féparer, & en
dreffer divers intendits, & fuffit qu'elle
fe conforme au refte à ladite interlocutoire.

V I.

La preuve d'un plein droit de proprieté, fe fait réguliérement par Titres,
Lettrages & Documens en écrit ; & à
faute d'iceux, par Témoins non reprochables, fufpects, ny en moindre
nombre que de fept, & auquel pourra
être compris le produifant, fi bon lui
femble.

V I I.

La preuve de Haute-poffeffion fe
doit faire par fept Témoins, y compris
(comme deffus) le Produifant, qui tous
dépofent, ledit Produifant, fes Prédéceffeurs ou Auteurs, avoir avant la production de la demande, poffédé au deffus
de trente ans la chofe de laquelle il eft
queftion, & par divers Actes ou années
avoir continué au deffous fa poffeffion,
le cas y échéant.

V I I I.

En toutes autres Caufes intentées, ou

pour la fimple poffeffion, ou pour quelque chofe faite ou contractée entre perfonnes qui font encore vivantes, fuffit
de deux Témoins avec le principal, ou
bien de trois fans luy, iceux non fufpects
ou reprochables ; & n'eft de néceffité
au Produifant réferver fon ferment,
comme du paffé, foit qu'il veuille jurer
ou non. Que fi c'eft du fait d'une perfonne décédée (qu'on dit communément, *après main-morte*,) il fuffit de
quatre Témoins, ou bien de trois avec
le ferment de la Partie produifante.

IX.

Convient auffi, pour faire valoir une
preuve, que la partie contre laquelle
elle fe fait, foit duëment fignifiée de fe
trouver à l'adjurante des Témoins, &
productions des Titres, fi bon lui femble & faire le veut ; autrement eft ladite
preuve nulle & défectueufe, & doit
être telle déclarée avant l'ouverture &
publication de l'Enquête ; n'étoit que
jour certain à faire icelle, eût été pris
par les Parties, ou donné judiciairement, icelles Parties ou leurs Procureurs préfens ; & defquelles Preuves &
Enquêtes les Parties pourront prendre
Extraits ; ou fi elles en veulent avoir
Copie, elle leur fera donnée à leurs frais
par les Greffiers ou Clercs-jurez, qui
ne la leur pourront refufer.

X.

Le Sergent de Bailly , ayant mandement d'iceluy , ou de ſon Lieutenant ,
pour ajourner Témoins réſidans en
Seigneuries , quelles elles ſoient , du
Duché de Lorraine , s'adreſſera , avant
faire ſon Exploit ; au Mayeur ; & à ſon
abſence , au premier des autres Officiers de Juſtice qu'il trouvera en Ville ,
pour être aſſiſté d'eux en faiſant ſon
Exploit : Auſſi leſdits Mayeurs , ou autres Officiers , en étant interpellez , ne
devront ny refuſer ny différer ladite
Aſſiſtance , ſoit en ſe cachant , ſoit par
quelque autre voye & maniere indi-
recte : autrement pourra ledit Sergent
paſſer outre à ſon Exploit , en chargeant
la rélation , ou de l'aſſiſtance qui luy
aura été faite , ou de l'abſence , latita-
tion , refus & délayement deſdits Officiers , au moyen deſquels il aura ainſi
paſſé outre ſans l'aſſiſtance d'iceux. Si
le Mandement s'adreſſe à tous Sergens
du Bailliage , Prévôtez & Mairies d'i-
celuy , l'Impétrant pourra faire ajourner leſdits Témoins par un Sergent du
lieu de leur réſidence , ſi donc ils ne ſont
de telle qualité , qu'à cauſe d'icelle , ils
ſoient ſeulement juriſdiciables au Bailliage.

X I.

Tous délais de preuves , ſoit par le

moyen defdites enquêtes ou de ferment
accepté, laiffé ou donné à Partie, de
vûë de lieu, de garants, reliefs d'appel,
& agrément d'iceluy pour le regard
de l'Appellant, font péremptoires, &
doit la Partie y fatisfaire dedans le
temps qui pour ce lui a été préfigé, à
peine de forclufion. Si ce n'eft, comme
eft dit cy-deffus, que les Commiffions
étant obtenuës dedans le temps, il y
ait prorogation octroyée par le Commis à recevoir lefdites vûës de lieux,
enquêtes & fermens, ou bien quelqu'autre exoine légitime, & continuation de journée aufdits garants, &
ferment à prêter judiciairement; auquel
cas les Parties Demandereffes en garantie, ou chargées defdits fermens,
font reçuës d'y fatisfaire à la premiere
juridique fuivante.

X I I.

Si la Partie chargée de faire enquête,
veut pour toutes preuves employer
quelques productions litterales, faire
le peut, & y eft reçuë toutes les fois
que la Caufe eft appellée, dans le délay
toutefois à elle prefcrit pour faire fadite enquête; fans que pour ce il lui
foit de befoin obtenir aucune Commiffion, & icelle faire fignifier à fa
Partie.

XIII.

Les enquêtes faites, & rapportées en Cour, si la Partie contre laquelle elles ont été diligencées, a quelques fins de nullité à propofer, faire le doit avant que confentir à la publication & ouverture d'icelle, à peine de n'y être plus reçüe; n'étoit doncques que ladite publication fût confentie par les Parties fans préjudice. Si elle veut reprocher les perfonnes des Témoins, faire le doit avant ladite ouverture, & fauf après icelle de contredire leurs dépofitions; & doit celui qui prétend reprocher ou contredire, propofer fes reproches le premier, ores qu'en la Caufe il fût Défendeur.

XIV.

Eft loifible à Partie produifante, lors principalement qu'elle a plufieurs faits à prouver, de donner étiquets au Commiffaire qui fait l'Enquête, pour l'informer des Faits & Articles fur lefquels il entend le Témoin par luy adminiftré, être ouï. N'eft toutefois Partie adverfe admife à donner Interrogatoires, pour être fur iceux lefdits Témoins ouïs à fon intention.

XV.

Sermens déférez de Partie à autre, communément dits *Sermens loquez*, font décifoires du fait fur lequel ils font
déférez;

déférez ; & une fois référez ou accep-
tez, celle des Parties contre laquelle
ils doivent être faits, n'eſt plus reçuë à
autre preuve.

XVI.

Tel ſerment ainſi déféré de Partie à
autre, il eſt loiſible à celle à laquelle il
eſt déféré, de demander & avoir jour
pour déliberer ſi elle doit l'accepter, ou
bien le référer : mais pour ce faire, lui
ſera donné jour certain aux prochains,
ou à quelques autres ſuivans : Auquel
jour, ſi elle veut l'accepter, ſera tenuë
comparoir en perſonne, pour le prêter
ſur le champ ; Et où elle voudroit le référer, faire le pourra par ſon Procureur ;
Et en ce cas, devra celui qui l'aura déféré, être prêt à ladite journée, pour
auſſi le prêter en perſonne, à peine de
déchéance ; ſauf toutefois exoine &
excuſe légitime.

XXXXXXXXXXXXXXXXXXXXXXXXXXXXXXXXX

TITRE VIII.
DES APPELLATIONS.
ARTICLE PREMIER.

LEs Cauſes ainſi inſtruites qu'il a
été cy-devant dit, & jugées ès
Siéges du Bailliage de Nancy, ſoit in-
terlocutoirement ou en définitive, peut
la Partie qui prétend être grévée par le
Jugement qui y ſera donné, en appeller.

S.

immédiatement à Meſſieurs de l'ancienne Chevalerie, au droit de l'Hôtel
de Monſeigneur , ſauf ès cinq cas ;
ſçavoir , de choſe jugée , ſerment lo-
qué , acte de trouble , & nouvelleté
faite depuis an & jour , injure & crime ; eſquels tous on ſe doit pourvoir
par plainte.

I I.

Si c'eſt de Sentence donnée par autres Juges que ceux dudit Bailliage ; il
y a , ſans réſerve , en tous cas (hormis
en celuy de crime) appellation de reſſort en reſſort juſqu'au dernier.

I I I.

Qu'en toutes Sentences dont y a Appel , la Partie , avant que d'en appeller ,
en doit demander l'interprétation , en
cas qu'elle y trouve de l'obſcurité , &
non après ; & même lors que l'Appel
ſera rapporté du lieu ſuperieur & de
reſſort ; d'autant qu'en appellant il eſt
cenſé avoir entendu le grief qui lui a
été fait par ladite Sentence. Et eſt ſeulement recevable à demander ladite
interprétation , audit cas que le droit
ſoit revenu dudit reſſort , quand la Sentence eſt réformée par iceluy : Et lors
il ſe doit adreſſer par Requête au Juge
Réformateur de ladite Sentence , pour
avoir de luy l'interprétation d'icelle , en
cas qu'il y trouve de l'obſcurité , comme

dit eſt, & à ces fins obtenir délay dudit premier Juge, lorſque la Partie ſe préſentera à l'ouverture dudit Appel, dedans lequel tout ſurſoye. Que s'il ſe trouve avoir calomnieuſement demandé ladite interprétation & délay pour obtenir, il ſera mulcté d'une amende, ſelon l'exigence du cas, & condamné aux dépens, dommages & intérêts de la Partie, provenans du Procès retardé.

I V.

L'appellation doit être interjettée ſur le champ, ſi les Parties ou leurs Procureurs ſont préſentes, puis relevée par l'Appellant dedans quinzaine, en fourniſſant d'Ecritures, ſi le Procès n'eſt jà par écrit; & de ſix francs, en tous cas, ès mains du Greffier de la Cauſe; & lequel devra noter le jour de la réception qu'il en fera, afin de ſçavoir ſi ledit Appellant y aura duëment procédé ou non.

V.

Si la Partie, ou ſon Procureur, ne ſont préſens lorſque la Sentence ſe prononcera, ou pour être abſent des Pays, ou pour quelqu'autre exoine & excuſe raiſonnable & légitime, & qu'à ce moyen il n'en ait été appellé par eux ſur le champ; ſeront néanmoins iceux par après recevables à ce faire.

S iij

VI.

L'Appellation reçuë, fournie & relevée (comme dit eſt) l'Appellant doit dedans la quinzaine enſuivante, ou bien les prochains jours plaidables après ladite quinzaine, ſi le Procès n'eſt par écrit, faire appeller ſa Partie, pour agréer leſdites Ecritures, & ce à peine de déchéance, & d'être la Sentence dont étoit Appel, tenuë pour paſſée en force de choſe jugée.

VII.

Et ſi l'Intimé ainſi appellé pour agréer, ſe rend contumacé par trois défauts conſécutifs duëment contre luy obtenus, il perd ſa Cauſe, bien que la Sentence dont eſt Appel, fût entiérement à ſon profit.

VIII.

La forme d'agréer leſdites Ecritures eſt telle, que les Parties ſe trouvant contraires, en ce que reſpectivement elles maintiennent avoir été plaidé plus ou moins, ou bien en autre maniere qu'il ne ſe trouve écrit ; cette difficulté ſe régle par le record des Juges, s'ils en ſont ſouvenans ; ſi non par le ſerment que les Procureurs de la Cauſe ſe déférent l'un à l'autre.

IX.

S'il avient quelque difficulté ſur la production du Titre, la Partie contre

qui elle eſt faite, la déniant ou débat-
tant, on s'en rapportera au Régiſtre
des Cauſes.

X.

Et ne ſont les Appellans reçûs à propoſer faits nouveaux, ny fournir autres
Ecritures de griefs, que les premieres
ſur leſquelles aura été jugé, & qui auront été agréées.

X I.

Que ſi la Sentence dont eſt Appel, a
été renduë non ſur le plaidoyé verbal des
Parties, mais ſur les Appointemens de
droit auparavant fournis par écrit, ſuffit
que l'Appellant relevant ſon Appel,
fourniſſe leſdits deniers, pour être mis
& enclos audit Appel, & portez au
Greffier deſdites Aſſiſes, qui eſt tenu
d'en faire Régiſtre.

X I I.

Leſdites Appellations jugées, ſont
renvoyées cloſes aux Juges deſquels
elles ont été interjettées, puis ouvertes
pardevant eux, & y eſt procédé, ſelon
que les Sentences dont étoit Appel, ſe
trouvent infirmées ou confirmées : A
l'effet de quoi, celle deſdites Parties
qui deſire ladite ouverture, eſt tenuë
faire donner aſſignation à l'autre, à tel
jour que bon luy ſemble de l'Audience
des Cauſes ordinaires du Siége où elles
ont été renvoyées.

XIII.

És Caufes où n'y a Appel, pour être des qualitez cy-devant déclarées, on pourra fe pourvoir par plaintes en faute de Juftice, dans quatre femaines après la prononciation d'icelle pour tous délais; & ne fe formeront que fur le fait en fon principal, ou fur incidens irréparables en définitive.

XIV.

Et jaçoit que jufqu'icy y ait eû indifféremment Appel de toutes Caufes perfonnelles; néanmoins afin d'abréger d'autant les Procédures, il n'y en aura dorênavant aucun en celles qui feront intentées pour falaires, loyers, gages & mercedes de ferviteurs & main-ouvriers, légats pieux bien reconnus, trait de bouche, & chofe mife en dépôt; ains feront icelles traitées fommairement & de plein, nonobftant toutes feries & vacances.

XV.

Le femblable fe fera en toutes autres, efquelles l'étranger fera Demandeur contre un du Pays, fi ce n'eft en définitive pour chofe qui excéde la valeur de cent francs: encore fera-ce en confignant par le Défendeur condamné, nonobftant l'Appel.

XVI.

Que tous Appellans qui laifferont

leur Appel défert, ou renonceront à iceluy, feront mulctez d'une amende de deux francs au profit des Seigneurs de la Juftice dont fera appellé; & condamnez aux dépens, dommages & intérêts provenans du retardement du Procès.

XVII.

L'Appellant fera tenu fournir avec le Procès d'Appel, dans le temps introduit pour le relever, aux Juges de dernier reffort, fix francs; & aux inferieurs, deux.

XVIII.

Les Juges, au cas que difpute aviendroit entre les Parties, pour fçavoir s'il y aura Appel de leurs Sentences ou non, ne devront, comme du paffé, retenir confeil jufqu'à la premiere juridique fuivante; & après qu'ils auront jugé y avoir Appel ou non, la Partie qui s'en fentira grévée, en pourra former plainte pardevant Son Altesse, en configant cinquánte francs feulement pour l'amende, fans préjudice, en tous autres cas, des Ordonnances de S. A. cy-devant publiées fur le Réglement des Plaintes de faute de Juftice.

TITRE IX.

DES GAGERES, SAISIES,
Exécutions, Recréances, Main-levées,
Oppositions, & autres Exploits.

ARTICLE PREMIER.

LEs actions de Recréance font celles qui font intentées pour gageres faites ès biens de ceux qui les pourfuivent. Et font les Impétrans d'icelles, recevans fur ce Lettres de Juftice, tenus de recroire, moyennant la caution folvable & refféance, donnée à l'impétration d'icelles. Si toutefois ils penfent ne le devoir faire, ou pource que la caution n'eft folvable, ou pource que c'eft pour chofe jugée, ou pour quelqu'autre caufe légitime, ils doivent comparoir au jour de l'affignation, pour iceux & Partie impétrante ouïs, y ètre fur le champ ordonné provifion par les Juges.

II.

Et où Partie difconviendroit de la fuffifance de ladite caution, ne fera befoin d'en informer comme du paffé; & ce, afin d'obvier aux frais & longueurs qui s'en enfuivent; ains fera tenu celuy qui l'aura donnée, la faire certifier folvable & fuffifante, par homme qui foit luy-même folvable & fuffifant; & qui
fera,

fera , au cas de l'infuffifance de ladite
caution , luy-même tenu à ce pourquoy
elle auroit été donnée.

III.

Et où le Lieutenant de Bailly , ou le
Juge qui en connoîtra , obmettra de
recevoir caution , ou certificateur fuffifant , il en fera tenu luy-même en fon
pur & privé nom , comme de droit.

IV.

Le Sergent exploiteur de la Commiffion , fera tenu laiffer copie de fon Exploit à celuy fur lequel il aura exploité ,
aux frais du pourfuivant , & fauf à luy
de les recouvrer , s'il y échet : Et auquel
Exploit il fera expreffe mention s'il y a
eû oppofition formée entre fes mains ,
ou non ; & fauf toujours à celuy fur
lequel Exploit aura couru , de former
fadite oppofition dans la quinzaine , foit
entre les mains dudit Sergent , ou de
celuy duquel fera émanée ladite Commiffion , & dont fe fera Régiftre , contenant le jour de l'oppofition.

V.

Que s'ils ne fe trouvent fondez au
refus qu'ils feront de recroire , feront
condamnez de ce faire , moyennant ladite caution , ou autre folvable , & reffeante au Bailliage ; & aux intérêts des
Parties. S'ils ne comparent , feront femblablement , en haine de ce feul défaut ,

T

condamnez de recroire, & fauf à faire
droit fur lefdits intérêts à la premiere
comparution des Parties, & qu'icelles
auront été fur ce ouïes.

VI.

Celuy qui veut intenter une action
de recréance ou de main-levée, doit
impétrer à ces fins Lettres de Juftice, fi
c'eft au Bailliage; ou bien un Ajournement, fi c'eft en Prévôté; & ce dans la
quinzaine après que l'Exploit luy aura
été fignifié; autrement n'y fera plus recevable.

VII.

L'Ajournement étant ainfi requis, ou
l'oppofition formée dans la quinzaine,
& les Parties venantes en Jugement;
celuy qui eft impétrant de la Gagere,
ou de l'Acte duquel on pourfuit la recréance ou main-levée, doit plaider le
premier, déclarer & foutenir les caufes
pour lefquelles il a requis lefdits Exploits, & conclure en droit.

VIII.

Celuy fur qui les Commiffions defdites Gageres, Saifie, Main-mife, Commandement, Défenfe, & autres tels
Exploits feront exécutées, ne pourra
s'en pourvoir contre ceux qui les auront
décernées ou exécutées; ains feulement
contre l'Impétrant d'icelles, & à requête
de qui elles luy auront été fignifiées:

pourvû toutefois que le Sergent , & Officier exécuteur d'icelles, luy ait , en faisant son Exploit, nommément déclaré qui en est l'Impétrant, & dont il sera crû à sa simple rélation.

IX.

Ne se décerneront aucunes Lettres de Commission à personne d'autre Bailliage & Jurisdiction , pour procéder aux Exploits , sans luy avoir au préalable fait élire domicile , & tourner caution solvable & rélléante , afin que la Partie sur qui aura été exploité , sçache à qui elle devra délivrer ses Lettres de recréance , main-levée , & autres telles de Justice , & aussi à qui s'adresser pour le recouvrement de ses dépens , dommages & intérêts , le cas d'iceux échéant ; & à faute de quoy faire , en répondront en leur pur & privé nom ceux qui auront décerné lesdites Lettres. Le même s'observera ès Justices inferieures & subalternes , qu'en celle du Bailliage.

X.

Pour préparer une action de censive fonciere , ou de rente achetée à prix d'argent & à réachat , soient lesdites censives ou rentes constituées sur Edifices , ou autres Héritages ; il a été jusqu'icy de necessité à ceux à qui appartenoient lesdites censives ou rentes ,

d'impétrer faifie, ou tel autre Exploit
que l'ufage du lieu le portoit, fur les
chofes afcenfées & affeĉtées ; & l'Exploit fignifié aux Détenteurs, leur faire
fur la main-levée en requife, affigner
jour, & dreffer demande comme en
fimple action. Aujourd'huy, fi ceux à
qui feront duës telles cenfives, ou rentes, ont titres autentiques faifant foy
d'icelles, leur fera loifible & auront le
choix, ou de fuivre cette forme ancienne, ou de faire par voye d'exécution
exploiter en vertu defdits titres, fur les
biens & chofes affeĉtées aufdites cenfes
& rentes, ainfi qu'il fe fait pour intérêts & autres dettes ftipulées par Con-
traĉts autentiques de pures & fimples
Obligations, fauf aux Detteurs defdites rentes, ou Détenteurs des biens y
affeĉtez, leurs oppofitions.

X I.

Si dans la quinzaine après la fignification de l'Exploit de ladite faifie, la
main-levée n'en eft requife, foit par le
Proprietaire, Détenteur, ou autre y
ayant intérêt, l'Impétrant fe fera mettre en poffeffion de la chofe ainfi faifie
à fa requête, & la fera duëment fignifier audit Détenteur ; de laquelle, s'il
ne requiert la main-levée, ou autrement ne contredit & s'oppofe à icelle
dans autre terme de quinzaine, fera

ledit Impétrant maintenu en icelle , &
n'en pourra être déjetté , sinon par action qui en sera intentée contre luy pé-
titoirement ; n'étoit que le Détenteur
non Proprietaire, auquel la signification
en auroit été faite , eût défailli d'en
avertir ledit Proprietaire , & fussent
prêts l'un & l'autre de s'en purger par
serment. Auquel cas ne luy pourroient
préjudicier lesdits Exploits , ains seroit
recevable à y défendre de nouveau ; &
sauf à l'un & à l'autre leur recours contre
ledit Détenteur , pour le recouvrement
des dépens, dommages & intérêts qu'ils
auroient respectivement soufferts , faute
d'avoir été ledit Proprietaire par luy
averti desdits Exploits.

XII.

Es causes & matieres d'exécutions ;
si l'Exécuté, ou bien un Tiers, s'y veut
opposer, faire le doit dans la quinzaine
de l'Exploit, Et si au jour de l'Assignation sur ce donnée par le Sergent , & à
l'appel de la Cause, l'Opposant n'a à
proposer aucunes fins déclinatoires ou
dilatoires, ny à sommer aucun à garant
de la chose ainsi exploitée, luy étant
donnée communication des Titres &
Lettres sur lesquels l'exécution a été
décernée, & des Commissions & Exploits qui s'en sont ensuivis ; sera tenu
de défendre & déduire les causes &

moyens de son opposition, ou sur le
champ, ou à la prochaine juridique,
n'étoit que les Parties prissent de gré à
gré appointement d'écrire chacune à
leurs fins ; sçavoir ledit Opposant dans
un certain délay, dans lequel il devra
fournir au Greffe sesdites causes &
moyens ; & l'Impétrant ses défenses à
iceux, semblablement dans pareil délay.

XIII.

S'il somme aucun à garant, il est censé
confesser la dette, si elle est personnelle
ou hypotéquaire, & de son fait, comme a été cy-devant dit.

XIV.

Et si par la teneur de l'Obligation il
se trouve avoir renoncé audit Garant,
il n'est recevable à la sommation d'iceluy ; ains faut qu'il se défende de son
chef, quand bien il seroit tout évident
qu'il fût poursuivi pour le fait & dette
d'autruy, sauf à luy son recours contre
celuy pour la dette duquel il aura été
condamné. Et comme cette renonciation luy est de telle conséquence, sera
tenu le Tabellion qui en recevra le Contract, de donner à entendre bien particuliérement à la Caution, lorsqu'elle
s'obligera, combien luy importe la renonciation qu'elle fait à Garant, & à
telle peine que de droit, s'il se trouve
ne l'avoir fait.

X V.

La forme defdites exécutions (communément dites , *Vendage à droit de Ville*) n'eft autre finon que le Sergent à qui la Commiffion eft adreffée , ayant fommé le Detteur de fatisfaire à ce dont il eft redevable ; au refus ou délay qu'il en fera , procedera à l'encontre de luy , premiérement par faifie , prife & vendage de fes meubles ; puis des immeubles , ou bien de tous les deux , s'il y échet ; difcution préalablement faite de ceux-là , conformément à la Commiffion qui luy en aura été décernée.

X V I.

Le Detteur s'étant foumis par fon Contraĉt de fubir Jurifdiĉtion pardevant telle Juftice qu'il plaira au Créancier d'élire ; pourra ledit Créancier choifir la Juftice du Siége du Bailliage où le Detteur fait fa réfidence , ou la domiciliaire dudit Detteur ; & fi l'exécution fe fait par un Sergent de Bailly , fera iceluy tenu de prendre l'affiftance des Mayeurs , ou autres Officiers du lieu , en la forme qu'il a été dit des Ajournemens , au Chapitre des Preuves , Article X.

X V I I.

Seront les Sergens tenus mettre à duë exécution , au diftriĉt de leur Charge , les Commiffions à eux mifes en main,

dans quinzaine pour tout délay, s'il n'y
a excuse légitime ; Et néanmoins avant
que procéder à la Gagere actuelle, &
déplacement des meubles du Detteur,
l'interpeller, ou sa Femme & Domesti-
ques en son absence, de payer la chose
pour laquelle l'Exploit se fera ; rapporter la relation d'iceluy par écrit, contenant bien particuliérement tout ce que
dit & fait aura été en faisant ledit Exploit ; & laquelle relation ils délivreront
aux Parties qu'il appartiendra, jour après
autre, & au plus tard dans huitaine de
leurdit Exploit, & ce moyennant leur
salaire raisonnable.

XVIII.

A ces fins, & afin qu'il paroisse tant
mieux de leur devoir, ils inséreront
fidélement en leurdite relation, le jour
de la reception par eux faite desdites
Commissions, & Piéces y jointes ; ensemble de leurs voyages, vacations, &
salaires qu'ils en auront reçûs, & ce à
peine d'être punis comme pour cas de
faux, s'ils sont trouvez y avoir mis &
inféré, ou obmis de mettre & inférer
aucune chose de tout ce que fait ou dit
aura été par eux ou les Parties, pendant
lesdits Exploits.

XIX.

Et donneront aux Detteurs par eux
exécutez, aux frais de l'Impétrant,

Copie de leur Commiſſion, Exploit,
Relation, & de l'Inventaire des meubles qu'ils auront pris & ſaiſis ſur eux;
ſi tant eſt que leurdit Exploit commence par iceux; ou bien reconnoiſſance
ſignée de leur main, de la reception des
deniers qu'ils auront faite, & en quelle
eſpece, & ne les garderont plus de huit
jours pour le plus; même rendront les
mêmes eſpeces qui leur auront été miſes
en main, au Créditeur à qui elles appar-
tiendront; & ce à peine d'amende arbitraire, & de tous dépens, dommages,
& intérêts envers la Partie.

X X.

Si au refus ou délay que le Detteur
fera de ſatisfaire à ce dont il ſera interpellé, il eſt procedé contre lui par gagere & exécution, & que ce ſoit pour
dette perſonnelle, convient (comme dit
a été) diſcuter ſes meubles avant que
d'exploiter les immeubles; & entre
leſdits meubles, ceux qui ſont giſans,
premier que les pâturans: autrement,
s'il ſe trouve & verifié duëment que le
Sergent exécuteur ait paſſé outre à
l'exécution de l'Immeuble, avant que
faire entiere & fidéle diſcution des
Meubles, ou que les deniers provenans
des giſans étant ſuffiſans à l'acquit de
la dette dont eſt queſtion, il ait auſſi
paſſé outre à la vente des pâturans; en

ce cas, il devra être condamné à tous dépens, dommages & intérêts encourus par la Partie à cette occasion, & à une amende à arbitrer selon l'exigence du cas.

XXI.

Seront aussi lesdits Sergens tenus sur le champ, & avant que partir du lieu où ils auront fait leur Exploit, dresser bon & fidele inventaire & état desdits biens, avec particuliere & spécifique déclaration de leur qualité & valeur, pour petite qu'elle soit, & ce en présence de l'un des Gens de la Justice dudit lieu, & qui sera dénommé en leur Procès-verbal, & le signera s'il sçait écrire, sinon d'un Tabellion dudit lieu, si aucun y en a ; & ce au moins de frais que faire se pourra.

XXII.

S'il y a opposition formée contre lesdits Exploits de gagere & exécution, soit par le Detteur, ou par un tiers y ayant intérêt ; surseoira le Sergent son Exploit jusques à ce qu'il soit connu de ladite opposition. Le même fera-t'il, encore qu'il n'y ait aucune opposition, mais jusqu'à la quinzaine seulement ; mettant cependant les meubles par lui exploitez, en dépôt ès mains d'un de la Justice du lieu, ou d'autre personne qu'il sera assuré être solvable.

XXIII.

L'opposition, étant vuidée, ou la quinzaine de l'Exploit expirée, vendra le Sergent lesdits meubles à l'encan par le menu, & piéce à piéce, au lieu où ils auront été exploitez, ou bien en quelqu'autre prochain à ce commode, selon qu'il en sera requis par les Parties, & verra être au plus grand profit d'icelles ; & n'en vendra que pour la somme duë, dépens de l'Exploit, & transport desdits meubles, si aucun s'en est fait ; le tout à telle peine que dessus.

XXIV.

Que si par ladite vente, ou autrement, lesdits meubles se trouvent de prix plus haut que celuy auquel reviendront lesdites sommes & dépens, ils recroiront fidelement à l'Exécuté le surplus, & en rempliront l'Inventaire, sans pour ce prendre ny exiger de luy aucunes choses, outre leurs vacations.

XXV.

Et si l'Exploit a été fait, non pour dettes de deniers clairs, ains de grains, vins, ou autres telles especes, & il n'y a opposition à celuy de l'Exécuté, si ne laissera ledit Sergent d'assigner les Parties pardevant le Juge du lieu, à la prochaine Juridique, aux fins de voir faire l'apprétiation desdites especes en

deniers; & à ces fins lui rapporter ou
renvoyer le Procès-verbal de son Exploit, pour audit jour, soit que le Detteur compare ou non, être ladite apprétiation faite, si la necessité de la
Cause n'en requiert connoissance plus
ample.

XXVI.

En tous cas ne devra être l'exécution
faite sur les armes & chevaux de ceux
qui portent actuellement les armes pour
le service de Son Altesse & du
Public, & desquelles l'usage leur est
du tout en ce necessaire; ny sur Livres
de gens qui font profession des Lettres,
ny sur outils d'Artisans, desquels ils ne
se peuvent aucunement passer en tra-
vaillant de leur métier, & faisant leur
ouvrage; ny sur les lits, paillasses &
couvertures servans à l'usage ordinaire
des Detteurs; si ce n'est qu'il y eût
apparence iceux avoir malicieusement
caché leurs autres meubles, & que interpellez de s'en purger par serment, ils
eussent refusé de ce faire, ou bien qu'il
n'y eût du tout point d'autres meubles
à exploiter.

XXVII.

Si la perquisition desdits meubles
duëment faite comme dessus, ils ne se
trouvent être de telle valeur, qu'ils suffisent à l'acquit & solution de ce pourquoy

ils auront été exploitez, ou bien qu'il
y ait hypotéque fpéciale d'immeubles,
ftipulée par l'Obligation, avant la générale de tous meubles & immeubles;
fera procedé à l'exploitation defdits
immeubles, foit fubfidiairement à faute defdits meubles; foit préalablement
à caufe de ladite hypotéque fpéciale;
& ce par trois diverfes criées, qui s'en
feront folemnellement de quinzaine à
autre; à la premiere defquelles le Sergent qui les publiera, devra déclarer
fpécifiquement & par le menu, la fituation du lieu, tenans & aboutiffans de
l'immeuble par luy mis en criée, comme auffi la mife à prix d'iceluy, & ce
hautement, à jour de Marché, ou de
l'Audience des Caufes du lieu où il fe
trouvera affis & fitué; & de plus,
donnera un Billet au Curé ou Vicaire
dudit lieu, pour faire à chacune defdites
quinzaines la même publication au Prône de la Meffe Paroiffiale de fon Eglife,
& en attachera une pareille au portail
d'icelle Eglife. —

XXVIII.

SI toutefois lefdites criées fe font de
Succeffions, Fief & Droits Seigneuriaux, fuffira de faifir, ou déclarer, en
faifant icelles, le manoir ou piéce principale d'iceux, avec leurs dépendances,
& en termes généraux; & s'en feront

les criées (comme de toutes autres
pourſuivies au Bailliage) ès Villes du
Siége où elles ſeront auſſi pourſuivies,
& au lieu particulier de la ſituation des
choſes ainſi miſes en criées.

X X I X.

Si leſdites criées ſe font de pluſieurs
piéces ſituées en diverſes Juriſdictions
& Seigneuries, elles devront être chacune publiées & annoncées ès lieux
où les piéces ſe trouveront aſſiſes &
ſituées.

X X X.

Et ſoit qu'il y ait oppoſition ou non,
ne devra pour ce être le cours deſdites
criées retardé pendant le Procès de
l'oppoſition ; ains en ſera ſeulement
l'Adjudication différée juſques après la
déciſion d'iceluy, & auquel temps s'en
fera un quatriéme d'abondant, avec
notification des jour, lieu & heure de
l'outrée qui s'en fera ; & de quoy ſeront
billets dreſſez, & affichez en public,
comme a été dit cy-deſſus.

X X X I.

Ne ſera perſonne reçuë à encherir,
qu'elle ne ſoit connuë ſolvable ; & ſi
c'eſt un Forain, qu'il n'ait tourné caution ſuffiſante, & reſſéante au lieu où
ſe fera l'enchere.

X X X I I.

Pourront toutes perſonnes encherir,

ou elles-mêmes présentes, ou par Procureurs, à la charge qu'aucun ne recevra Procuration à cette fin, qu'il ne
sçache celuy ou ceux qui lui auront
passé ladite Procuration, être solvables ;
& ce à peine d'en être luy-même poursuivi en son pur & privé nom.

XXXIII.

Tous Héritages criez, seront adjugez
avec leurs charges foncieres & réelles,
droits & devoirs Seigneuriaux, frais
& mises des criées qui s'en feront. Ne
sera néanmoins tenu l'encherisseur de
payer aucuns arrérages écoulez avant
le temps du Decret de son enchere, si
ce n'est que ceux qui les prétendent, se
soient opposez pour ce regard à icelles,
& il ait été dit par l'Adjudication du
Decret ; & sauf à eux leur recours pour
lesdits arrérages, contre les detteurs
d'iceux.

XXXIV.

Et sont ici charges foncieres & réelles
entenduës, celles qui sont duës par
ascensement, & à autre titre que de
constitution à prix d'argent.

XXXV.

Lesdites criées, subhastations, ventes & adjudications ainsi faites solem-
nellement ; si-tôt que l'Encherisseur aura satisfait au prix de son enchere (qui
sera pour le plus tard dans le mois

d'icelle) & que le Decret lui en aura été
octroyé , il fera mis en poffeffion des
chofes adjugées , & y maintenu par autorité de Juftice , nonobftant qu'autres
Créditeurs domiciliez au même Bàillia-
ge , viennent par après à en faire Inftance au contraire , & fuffent-ils premiers
en date que ceux à requête de qui
auront été lefdites criées faites & dé-
cretées.

XXXVI.

Si toutefois lefdits Créditeurs font
réfidens hors le Bailliage , ou ailleurs,
hors la Souveraineté , & prétendent ,
comme prieurs en date à ceux qui auront fait fubhafter lefdits Héritages ,
qu'ils font outrez à moins que de leur
jufte prix , en faifant ferment qu'ils
n'ont rien fçû defdites criées , ny eû
aucune intelligence avec le Detteur ou
autre , pour puis après traverfer l'En-
cheriffeur en là jouïffance de la chofe
à luy outrée en ce cas , & qu'il ne refte
aucun bien de leur Detteur , fur lequel
ils puiffent recouvrer leurs dettes ; feront reçus dans l'an à les faire de nouveau mettre en criées , fi bon leur
femble , & ce en refondant à l'Enche-
riffeur au préalable , les dépens de fon
enchere , avec les impenfes & réparations utiles & neceffaires , fi aucunes
il en a faites.

XXXVII,

XXXVII.

Les Sentences qui viendront de l'Hôtel de SON ALTESSE, seront exécutées selon leur teneur, par les Juges dont aura premiérement été appellé, sans qu'ils puissent recevoir la Partie condamnée à faits nouveaux par opposition, ny donner Sentence au contraire de celles qui auront été renduës en l'Hôtel de Sadite Altesse, par Messieurs de la Noblesse.

✦✦✦✦✦✦X✦✦✦✦✦X✦✦✦✦✦

TITRE X.
DES PLAINTES.

ARTICLE PREMIER.

ÉS plaintes de Justice, l'Impétrant sera tenu fournir six francs comptant, & donner caution pour autre somme de vingt-cinq francs, s'il n'aime mieux les consigner ès mains des Gens de Justice dont est plainte; & sur laquelle somme de vingt-cinq francs, se prendront dix francs pour l'amende du Seigneur de ladite Justice, dix autres francs pour icelle, & cinq pour la Partie. Et sera loisible aux Sujets de roture, de former ladite plainte au Seigneur Haut-Justicier des Juges qui l'auront grévé par leur Sentence, en fournissant de deniers, comme dit est. Et s'il n'y trouve radresse, pourra former de nouveau sa plainte pardevant lesdits Seigneurs Bailly

V.

& de la Noblesse ; ou si bon luy semble ; dès le commencement former ladite plainte pardevant eux : Ne se pourra toutefois former plainte aucune sur in-cident, à peine de dix francs d'amende pour le Seigneur, & cinq envers la Partie.

Cet Article est interprété par Ordonnance de feuë SON ALTESSE, *du dernier Mars* 1599. *Laquelle Ordonnance se pourra voir à la fin des Présentes, & est dit n'avoir été entendu par ledit Article la connoissance des Plaintes avoir été attribuée aux Sieurs de la Noblesse, sur autres plus avant que sur ceux desquels ils ont médiatement ou immédiatement la connoissance des Appellations au droit de l'Hôtel; demeurantes les choses comme auparavant pour ce qui touche celles qui se vuident ès Buffets.*

I I.

Que la protestation de plainte une fois faite par la Partie, si puis après elle s'en déporte, ou n'en fait la poursuite dans le temps de quatre semaines, elle sera mulctée de dix francs au profit du Seigneur du lieu, & condamnée envers sa Partie à tous dépens, dommages & intérêts, provenans du retardement du Procès ; sauf qu'elle pourra renoncer à ladite plainte dans quinzaine après la-dite protestation.

❉❉❉❉❉❉❉❉❉❉❉❉❉❉❉❉❉❉❉

TITRE XI.

DES DÉPENS, DOMMAGES
& *Intérêts.*

ARTICLE PREMIER.

ON plaidera déſormais à fin de dépens, dommages & intérêts (que
l'on dit communément *aux frais du tort.*)
tant ès Juſtices ſuperieures, qu'inferieures : N'étoit donc que pour certaine
bonne & juſte conſideration, les Juges
trouvaſſent qu'ils dûſſent les compenſer;
ſçavoir, pour ce que la Partie condamnée aura eu cauſé juſte & probable de
litiger, & ſera ſans calomnie : ès Cauſes
néanmoins où les Procureurs du Prince
ſeront Parties principales, ſoit en de-
mandant ou en défendant, ne ſera plaidé
(non plus que du paſſé) auſdites fins de
dépens, dommages & intérêts.

II.

Que les Juges ne remettront le taux
des dépens préjudiciaux en définitive,
ſi ce n'eſt pour bonne & apparente conſideration; ains ſe fera iceluy ſur le
champ, afin de retrancher toute occaſion d'incidens frivoles & ſuperflus.

III.

Que choſes jugées ſeront exécutées
en leur principal, encore que les dépens
du Procès ne ſoient taxez.

V ij

IV.

Pourront ceux sur lesquels l'exécution desdites choses jugées se fera, se pourvoir par oppositions & contredits à icelle, si le cas y échet, & ils voyent que faire le doivent par raison; & ce pardevant les Juges, devant lesquels le Procès aura été démené en premiere instance.

V.

Que l'intérêt de la chose due & répétée en Justice, commencera à courir au profit du Demandeur, dès le jour qu'il aura fourni sa demande; encore qu'autrement il n'ait été par exprès stipulé; & ce afin que le Défendeur ait tant moins d'occasion de tergiverser, & tirer la Cause en longueur.

RÈGLEMENT

DU TAXE

DES HONORAIRES

ET VACATIONS,

Tant des Lieutenans Généraux
& Particuliers, Prévôts, Gruyers,
Juges, Subftituts, Avocats, Pro-
cureurs, Greffiers, Mayeurs &
Sergens, que journées des Par-
ties ès Affifes, & Bailliages de
Nancy, Vofges & Allemagne.

HARLES, par la grace de Dieu, Duc de Lorraine, Marchis, Duc de Calabre, Bar, Gueldres, Marquis du Pont-à-Mouſſon, Nommeny, Comte de Provence, Vaudémont, Blamont, Zutphen, &c. A tous qui verront les Préſentes, SALUT. Comme l'Aſſemblée des Etats Généraux de nos Pays, convoquez à notre Mandement en ce lieu de Nancy au mois de Mars de l'an 1626. entr'autres remontrances à Nous faites par les Eccléſiaſtiques & Vaſſaux deſdits Etats, ils Nous ayent fait entendre, qu'encore que feu notre très-cher & très - honoré Seigneur & Ayeul (qui ſoit au Ciel) eût ſtatué & établi un Réglement des ſalaires & vacations, tant des Lieutenans Généraux & Particuliers, Juges, Greffiers, Avocats, Procureurs, Sergens, que pour les journées des Parties ès Siéges des Aſſiſes & Bailliages de Nancy, Voſges & Allemagne; ils eſtimoient néanmoins être expédient pour le bien de la Juſtice, & adminiſtration d'icelle, d'apporter quelque changement au réglement deſdits ſalaires, deſquels pluſieurs ſe ſont diſpenſez impunément, *sous prétexte des diversitez, différences, variété & mutation d'affaires, qu'une longue suite de temps auroit depuis apporté : Nous suppliant à ces causes très-humblement, qu'il Nous plût vouloir rétablir un nouveau Réglement plus conforme à la raison, saison & temps présent : A l'effet de quoy, & après avoir ouï plusieurs Juges, anciens Avocats & Praticiens, ils auroient dressé & à Nous présenté certains Articles, sur lesquels ledit Réglement étant désormais établi, chacun desdits Officiers eût à se contenir à ce qui seroit par Nous prescrit, sous telle peine que jugerions raisonnable : Sur quoy ayant incliné à ladite supplication, après avoir fait examiner lesdits Articles par plusieurs de nos Conseillers par Nous députez à la révision des Coûtumes & Réglement de Justice, & depuis iceux vûs & mûrement considerez en notre Conseil : Sçavoir faisons, que désirans pourvoir à tous abus & désordres qui se peuvent glisser en ladite administration de la Justice ; Nous avons, pour le bien du Public, par avis des Gens de notredit Conseil, ordonné, statué & établi, & de notre autorité & puissance souveraine, ordonnons, statuons & établissons le Réglement desdits salaires, comme s'ensuit.*

RÉGLEMENT

RÉGLEMENT

DU TAXE

DES HONORAIRES ET

Vacations, tant des Lieutenans Généraux & Particuliers, Prévôts, Gruyers, Juges, Substituts, Greffiers, Avocats, Procureurs, Mayeurs & Sergens, que journées des Parties ès Assises, & Bailliages de Nancy, Vosges & Allemagne.

POUR LES LIEUTENANS
Généraux & Particuliers.

LES Lieutenans Généraux & Particuliers auront, comme d'ancienneté, de chacune Lettre de Justice, deux gros, & tiendront Régistre de celles où il y aura caution & élection de domicile, pour y avoir recours, si besoin fait, & ne prendront leurs Clercs aucun salaire.

X

Pour chacune Lettre de Commiſſion de vuë de lieu, aſſein, enquête, exécution de Sentence ou Obligation, & autres ſemblables, auront auſſi, comme d'ancienneté, quatre gros huit deniers, & tiendront Régiſtre de celles où il y aura caution & élection de domicile.

Pour octroy de *Pareatis*, qu'il conviendra décerner ſur la communication de la Commiſſion donnée au Procureur-Général, ou autre *Pareatis* ſimple, & pour toutes dépêches concernant ledit *Pareatis*, auront quatre gros.

Pour le droit de Conſeing, auront quatre gros par an de chacun cent francs, & ſe payera ledit droit au prorata & à proportion du temps qu'ils en demeureront Gardiens & Dépoſitaires.

Pour chacune Audience de Cauſe en Ville, auront les Lieutenans Généraux, deux francs, & les Lieutenans Particuliers, un franc ; & pour enquête en Ville, trois francs par demi jour, ſans dépens : Et s'il eſt beſoin ſe tranſporter hors de la Ville, lorſque les Parties le requerront, auront huit francs par jour, avec dépens, ſoit pour ouïr les Parties, informer, ou faire autre Acte neceſſaire à l'inſtruction des Cauſes.

Pour l'octroy d'un Sauve-garde, un franc.

Pour les Prévôts, Gruyers & Mayeurs.

Les Prévôt & Gruyer de Nancy, auront deux gros pour chacune Lettre d'Ajournement ; & pour chacune Commission de vuë de lieu, assein, enquête, exécution de Sentence, & autres semblables, quatre gros huit deniers, & tiendront Régistre de celle où il y aura caution ou élection de domicile.

Ledit Prévôt aura pour le droit d'un vendage à droit de Ville, quatre gros huit deniers.

Ledit Gruyer aura, comme d'ancienneté, sept gros huit deniers, pour le Decret du premier Ajournement.

Lesdits Prévôt & Gruyer dudit Nancy, pour vacations à enquêtes, & autres Commissions en Ville, auront deux francs par demi jour, sans dépens ; & hors de Ville, six francs par jour, avec dépens.

Les autres Prévôts, Gruyers & Mayeurs se contenteront d'un gros huit deniers pour chacun Ajournement ; trois gros pour la Commission, & deux gros pour le *Pareatis* ; & pour le droit de Conseing deux gros par an de chacun cent francs, & à proportion du temps qu'iceux en demeureront Gardiens : Et pour enquête en Ville, deux francs par demi jour, sans dépens ; & hors la Ville, quatre francs par jour avec dépens, & autant à chacun des autres Juges des Prévôtez & Mairies desdits Bailliages qui y seront employez.

Pour les Maître-Echevin & Echevins dudit Nancy, & autres Juges desdits Bailliages, & Subſtituts des Procureurs Généraux.

Pour chacune conſtitution de Procureur au Régiſtre des fondations, & pour la production d'une Procuration, leſdits Juges auront trois gros des Particuliers, & des Communautez, ſix gros.

De chacun ſerment qui ſe prêtera à l'Audience, auront deux gros.

Pour chacune vacation de Commiſſaire aux enquêtes, vuë de lieu, aſſein, information, audition de bouche, récollement & confrontation, audition de compte, auront en la Ville trois francs par demi jour, ſans dépens, & ſoit que ledit Commiſſaire faſſe une ou pluſieurs enquêtes.

Et s'il eſt de beſoin ſe tranſporter aux champs, aura ledit Commiſſaire huit francs par jour, avec dépens.

Les Subſtituts de Nancy vacquans eſdites Commiſſions, à l'abſence du Procureur-Général, auront autant que l'un deſdits Juges en Ville & aux champs. Tous autres Subſtituts deſdits Procureurs Généraux, auront deux francs par demi jour en Ville, fans dépens ; & aux champs quatre francs par jour, avec dépens.

Pour chacune Conclufion concernant l'inftruction des Procès criminels que lefdits Subftituts fourniront en l'abfence defdits Procureurs Généraux, auront deux francs ; & pour la diffinitive, quatre francs : Comme auffi auront quatre francs pour chacune Conclufion à la queftion ; le tout quand il y aura Partie civile, ou jointe au Procès.

Pour chacune Ordonnance & Commiffion de prife de corps, & Ajournement perfonnel fur la vifion des informations, lefdits Juges auront deux francs.

Pour la vifion des Procès que lefdits Maître-Echevin & Echevins de Nancy doivent déliberer, fur les Procès criminels inftruits par les Juges de nos Hautes-Juftices, & des Seigneurs Hauts-Jufticiers, auront de chacun avis quatre francs, foit qu'il y ait un ou plufieurs prévenus.

De chacune Affignation que lefdits Maître-Echevin & Echevins de Nancy, & autres Juges Bailliagers, audienceront à l'extraordinaire, à la production de la Demande ; le Demandeur ayant déduit fes faits & conclufions verbalement, auront deux francs, foit qu'il y ait appointement d'écrire ou non. Et en cas qu'ils admettent les Parties à écrire, sera appointé qu'elles rédigeront par écrit leur plaidoyer dans bref délay, ou bien appointeront le Défendeur à revenir sur la demande par défenses, repliques & dupliques, selon qu'en l'un & l'autre cas ils y trouveront la matiere disposée ; & vuideront sur le champ tout ce qui se pourra décider, afin que par ce moyen les Procès soient abrégez, & les Parties soulagées de frais.

Auront aussi lesdits deux francs, lors qu'ils donneront tel appointement que cy-dessus, après les fins de non-recevoir, quand ils décideront le fait en son principal, ou rendront interlocutoire portant coup & diffinitive, & non autrement ; & sera à la liberté des Parties de prendre entr'elles appointement au Greffe pour lesdites Causes extraordinaires, sans que pour ce soit dû aucun droit pour le Siége.

Ne prendront aucun salaire pour le Siége à la prononciation des Sentences interlocutoires ou diffinitives, à l'ordinaire ou extraordinaire, ains se contenteront de la division.

Seront les Procès instruits & revêtus de leurs Piéces, délivrez aux Juges, à la fin de chacune Audience, pour être vuidez à la prochaine, ou bien à la fuivante ; n'étoit qu'à caufe de gra .d. difficulté, ou légitime empêchement, le Jugement en fût remis à la troifiéme.

Seront les Sentences aux Siéges ordinaires defdits Bailliages, prononcées le Vendredy de la femaine plaidable, afin que les Parties, Avocats ou Procureurs, fçáchans le jour, s'y trouvent ; & que par ce moyen les Parties ne faffent voyages inutiles ; auquel jour fera octroyé défaut contre les non-comparans. Et en cas qu'aux autres jours lefdits Juges trouvent expédient de prononcer quelques Sentences, faire le pourront. Et fi les Avocats & Procureurs des Parties font préfens, feront obligez de procéder : mais s'ils font abfens, ne fera octroyé défaut contre lefdites Parties abfentes, demeurant de neceffité à ceux qui auront obtenu gain de Caufe, de faire fignifier lefdites Sentences.

Seront obligez lefdits Juges de rendre audit Greffier les Procès avant la prononciation defdites Sentences, ou bien dans le jour fuivant pour le plus tard, afin que les Parties puiffent fatiffaire aux interlocutoires, & retirer leurs productions ; & à cet effet fera ledit Greffier obligé de les demander audit temps, à peine de tous dépens, dommages & intérêts des Parties.

Auront auffi deux gros de chacune

affignation qu'ils donneront à l'extraordinaire, ès cas accordez par le Réglement quand ils les figneront.

Auront aufli lefdits Maître-Echevin
& Echevins de Nancy, & Juges Bailliagers au Siége de Mirecourt, trois francs
de chacune appellation qui reffortira pardevant eux des Juftices inferieures ; &
tous autres Juges, deux francs, comme
d'ancienneté.

Pour le Scel du départ de Cour, auront lefdits Juges Bailliagers de Nancy
& Mirecourt trois francs, outre celuy
qui fe donne judiciairement : ledit franc
à partager comme du paffé ; fçavoir, fix
gros pour les Juges, & fix gros au
Greffier, & pour la cire vifion un franc,
particuliérement audit Maître-Echevin
de Nancy.

Pour les Encheres & Adjudications
fé payera deux francs pour le Siége, &
trois gros par cent francs, comme du
paffé, le Greffier y prenant fa part comme l'un des Juges.

Pour les Adjudications & Encheres
volontaires faites en vertu de titres d'acquêts, exhibez & reconnus autentiques,
ne fe payera que le droit de l'Affignation,
& trois francs pour le Scel, & rien des
trois gros par cent, cy-deffus mention-
nez.

Et à l'égard de la vifion des Procès

civils & criminels qu'ils inſtruiront, s'en fera le taux par leſdits Juges de Nancy & Mirecourt, raiſonnablement, & à proportion de leur travail & labeur, & ſans excès ; & ſera ledit taux annoté ſur la Minute deſdites Sentences, de la main de celuy qui aura préſidé au Jugement ; & par le Greffier, ſur les Régiſtres & Extraits qui en ſeront levez, afin qu'il en apparoiſſe aux Parties. Et en cas qu'il s'y rencontre quelque excès, les Parties s'en pourront pourvoir vers Nous en notre Conſeil par la voye de plainte, en conſignant dix francs.

Pour les Avocats & Procureurs.

Pour l'exhibition d'une demande, les Avocats & Procureurs auront ſix gros.

Pour dreſſer ou libeller la Lettre d'Ajournement, auront un franc.

Pour chacune comparution en Aſſiſe, un franc, & au Bailliage ſix gros.

Pour leur plaidoyé en Jugement contradictoire ſur incident aux Aſſiſes, deux francs, & au Bailliage un franc.

Aux Aſſiſes en diffinitive, quatre francs, & au Bailliage deux francs.

Pour la dreſſe des Intendits aux Aſſiſes & au Bailliage, deux francs.

Pour vacation à enquête, aſſein, vuë de lieu, & autres commiſſions, ſoit d'Aſſiſe ou du Bailliage, auront leſdits

Avocats en Ville, trois francs par demi jour fans dépens; & aux Champs fix francs par jour, avec dépens.

Les falaires de leurs Écritúres leur feront allotiez à l'arbitrage du Juge, eû égard au travail.

Pour les Greffiers des Affifes.

Pour la requife & enrégiftrement de chacun Ajournement, les Greffiers auront trois gros.

Pour l'Extrait fervant de Commiffion, trois gros.

Pour l'enrégiftrement d'une demande, fix gros.

Pour l'Extrait de la demande, fix gros.

Pour chacun Acte de la Caufe, trois gros.

Et pour l'Extrait de chacun Acte, trois gros.

Pour l'enrégiftrement & prononciation d'une Sentence renduë en corps d'Affifes, foit interlocutoire ou diffinitive, un franc.

Lefdits Greffiers vacquans aux enquêtes, affein, & autres taux & liquidation de dépens, dommages & intérêts, ou autres tels Actes efquels ils font commis par le Sieur Bailly, auront en Ville deux francs par demi jour fans dépens; & aux Champs fix francs par jour avec dépens;

& autant à celuy qui fera député avec eux, pour vacquer efdites Enquêtes & Commiffions.

Pour l'expédition des Lettres qui fe leveront au Greffe des Affifes, fous le nom dudit Sieur Bailly, fe payera trois gros.

Pour chacune Lettre de Commiffion fera payé aufdits Greffiers fix gros.

Pour la communication qu'ils donneront du Procès-verbal de l'affein, trois gros.

Pour celle de l'enquête, un franc.

Pour copie de l'enquête, auront un gros pour chacun témoin; & pour copie du Procès-verbal, trois gros.

Pour copie du Procès-verbal de chacun affein, fix gros.

Pour chacune appellation qu'ils recevront des Juftices inferieures, auront un franc à prendre dans ce qui fera fourni pour le relief.

Renvoyeront au Greffe de l'ordinaire, auffi-tôt après l'Affife, toutes les Appellations vuidées, & en fera mis un Rôle par lefdits Greffiers à la porte du Greffe, afin que les Parties en foient averties; & pour ce ne prendront lefdits Greffiers defdites Affifes & Bailliages aucun falaire.

Pour les Greffiers desdits Bailliages,
Prévôtez & Grueries.

Pour l'enrégistrement de chacune fondation des Particuliers, auront six deniers, & des Communautez douze deniers.

Pour chacune appellation qu'ils expédieront des Justices inferieures, trois gros. Et de celles qui iront à l'Assise, six gros, pour fermer le Procès comme du passé.

Auront pour l'enrégistrement d'une demande, actes de jour d'avis, vuë de lieu, assein, garant, appointement d'écrire, de produire, & pour Sentences interlocutoires & diffinitives, deux gros de chacun, & autant pour l'extrait. Et pour les Actes des productions d'écrits & recharge de l'Acte, en les retirant, auront un gros ; & moyennant ce, seront tenus & obligez d'avoir des Clercs capables, & qui soient corrects pour le soulagement des Juges & des Parties ; comme aussi moyennant salaire, seront tenus & obligez de rechercher les Piéces necessaires à l'instruction des Procès, & fournir les Inventaires, pour les tenir prêts, & les délivrer aux Juges à la fin de l'Audience, en laquelle la derniere piéce aura été fournie ; à charge qu'en produisant par le Deman-

deur fes dernieres écritures, iceluy rapportera l'extrait des Actes de la Caufe,
& fans que pour ce les Parties foient
tenuës faire aucun voyage, pourfuite
ou follicitation.

Le Pourfuivant des criées fournira le
Sac en produifant fes écritures, & déclaration de dépens des criées, & donnera fix gros aufdits Greffiers pour leur
peine de l'inftruction en toutes encheres
où il y aura oppofition; moyennant
quoy, le mois paffé, dans lequel ladite
collation doit être inftruite, délivreront
le Procès aux Juges, avec l'Inventaire,
qui contiendra les Obligations, felon
l'ordre des dettes d'icelles, & autres
Piéces du Procès, fans qu'il foit de befoin d'autre follicitation; afin qu'à la
prochaine Audience, ou à la fuivante,
lefdits Procès puiffent être vuidez, &
par ce moyen obvié aux frais que les
Parties font pour en folliciter le port &
diftribution; & tous les autres Créanciers, en fourniffant leurs écritures aux
frais de follicitation, donneront aufdits
Greffiers pour l'Acte, deux gros.

Pour chacun decret d'affignation qu'ils
expédieront à l'extraordinaire, quand ils
auront l'ordre des Juges, auront deux
gros.

Pour chacune Commiffion d'informer, d'ajourner perfonnellement, re-

coller & confronter témoins, auront
six gros.

Aux vacations d'enquêtes, d'affein,
vuë de lieu, information, audition de
bouche, recollement & confrontation
de témoins, confection d'inventaires,
& autres Commissions étant employez
avec les Juges, ou l'un d'eux, lesdits
Greffiers des Siéges Bailliagers auront
en Ville deux francs par demi jour fans
dépens, & aux Champs quatre francs
par jour avec dépens; & ceux desdites
Prévôtez & Mairies, auront la moitié
de ce qui est adjugé aux Juges, avec
lesquels ils feront employez.

De chacune Audience de Caufe à
l'extraordinaire, six gros; & feront
tenus rendre la requête avec l'appointement, après qu'ils l'auront enrégistrée,
ou bien l'extrait; comme aussi l'extrait
de tous autres Actes de la Caufe, pour
lesquels ils fe contenteront desdits six
gros.

Pour la communication de l'enquête
donnée à l'Avocat aux Greffes des Siéges Bailliagers, auront six gros; & en
ceux desdites Prévôtez & Mairies,
trois gros.

Et quand l'Avocat ou la Partie voudra tenir copie de l'enquête & des productions y employées, lesdits Greffiers
feront obligez figner ladite copie, &

auront un gros pour chacun témoin ; &
du Procès-verbal de l'enquête, trois
gros ; & de celuy d'un affein ou vuë de
lieu, fix gros.

Auront les Greffiers defdits Bailliages, un huitiéme des trois gros qui fe
donneront pour chacun cent francs ès
encheres des immeubles fubhâtez, &
mis en criées à requête des Créanciers,
comme du paffé ; & quant à celles qui
fe font volontairement à la requête des
Acquêteurs de quelque immeuble, pour
purger les hypotéques, fe contenteront
de fix gros pour le Siége, & du droit du
départ de Cour, pour lequel en l'un &
l'autre cas, ils auront quatre francs, fi
ledit départ de Cour n'eft que d'une
feuille entiere de parchemin ; & s'il y
convient employer plus d'une feuille
pour la prolixité d'iceluy, auront à raifon de deux francs par feuillet fidelement écrit ; à charge de tenir Régiftre
defdits départs de Cour, lefquels ils ne
pourront figner, que la Minutte n'ait
été préalablement reconnuë par le Maître-Echevin, ou celuy qui fera fa charge
en fon abfence, fignée & paraphée de
luy ; & s'en fera l'expedition dans la
huitaine pour le plus tard. Et à cette
fin eft ordonné aux Juges de n'entendre
à aucune enchere, que lefdits Greffiers
n'ayent par devers eux lefdites Obliga-

tions & Titres, avec les Exploits des
criées, publications, & fignifications ;
& au cas que ladite expedition ne fera
faite par lefdits Greffiers dans ledit
temps, les Parties pourront avoir leurs
dépens contre lefdits Greffiers ; lefquels
donneront ordre que leurs Commis,
& qu'aucun n'exigent chofe aucune, &
qu'ils traitent lefdites Parties avec toutes fortes de modeftie, & expedient les
affaires en bref, fans prendre aucun falaire, autre que celuy accordé cy-deffus,
à peine d'en répondre en leurs purs &
privez noms.

Auront la moitié au franc qui fe donne
judiciairement à la requifition d'un départ de Cour, fur Procès inftruit au
Siége, quand la Sentence fe rend au
Jugement contradictoire ; & les autres
Greffiers defdites Prévôtez & Mairies,
la moitié de ce qui eft accordé cy-deffus
aux Greffiers defdits Bailliages.

Pour les Sergens defdits Bailliages & Prévôtez.

Les Sergens defdits Bailliages, allans
aux Champs, à trois lieuës ou plus de
leurs demeurances, pour ajournemens
ou fignifications, auront par jour quatre
francs.

A une ou deux lieuës, pour ajournement ou fignification, auront trente gros.
Pour

Pour faire une exécution hors de Ville, avec inventaire & déplacement de meubles, auront par jour quatre francs, & à proportion du temps qu'ils y auront employé utilement, de quoy ils chargeront les Procès-verbaux de l'exploit; & quand le Detteur exécuté donnera Acquêteur de gages suffisant & solvable, auront lesdits Sergens, comme pour un simple exploit d'ajournement ou signification.

En Ville, de chacun Exploit d'exécution, avec déplacement de meubles & inventaire, un franc six gros.

De chacun Exploit d'assignation en Ville, quatre gros.

De chacun Témoin qu'ils ajourneront en Ville, deux gros.

Les Sergens de Prévôté, de chacun Exploit d'exécution en Ville, avec déplacement de meubles, auront un franc.

De chacune assignation & signification en Ville, trois gros, & de chacun témoin un gros huit deniers.

Pour l'Exploit exécutant un ajournement personnel en Ville, six gros.

Pour un emprisonnement & capture, & pour la force de l'assistance, trois francs.

Pour les Recors, lesquels se devront prendre au lieu, si faire se peut, sera donné à chacun d'iceux trois gros. &

X̃i

aux Sergens pour leurs copies ; ſçavoir, au Bailliage, à raiſon de quatre gros la feuille entiere fidelement écrite, & à la Prévôté, trois gros ; & ſi leſdites copies ne ſont d'une feuille entiere, auront à proportion. Et moyennant ledit ſalaire, ſeront tenus & obligez de donner copies de leurs Commiſſions & Exploits aux exécutez ou adjournez, à peine de nulli-té, & d'amende de dix francs, dommages & intérêts, encore que leſdites copies ne ſoient demandées ; & ſauf aux Parties leur recours contre leſdits Sergens.

Les Sergens de Baillifs allant aux Champs avec les Juges, ou l'un d'eux, lors qu'ils ſeront requis par le produi-ſant, & qu'il ſera neceſſaire, auront par jour deux francs ſix gros, avec dépens.

Pour la publication d'un défaut auſdits Siéges Bailliagers, leſdits Sergens au-ront deux gros.

Tout ce que deſſus accordé, pourvû qu'ils ne faſſent qu'un Exploit aux Champs par jour ; & s'ils en font deux ou pluſieurs, ne pourront prendre pour tous leſdits Exploits que le ſalaire cy-deſſus, & annoteront ſur chacun Exploit ce qu'ils auront reçû, par moitié, & à proportion de leurs vacations.

Pour les Parties.

Pour les voyages & ſejour des Parties, qui feront jugez neceffaires par les Juges, ne fera taxé aux Marquis & Comtes, qu'à raifon de quatre chevaux, & de cinq francs pour chacun homme de cheval.

Aux Prélats & Gentils-hommes de l'ancienne Chevalerie, qu'à raifon de trois chevaux.

Aux Eccléfiaftiques qui ont dignitez, & autres Gentils-hommes & Nobles, qu'à raifon de deux chevaux.

Aux autres Eccléfiaftiques, Officiers de Princes, de Prélats, de Gentils-hommes, & autres perfonnes qui ont accoûtumé aller à cheval, foit à caufe de leur vieilleffe & caducité, foit pour leurs moyens, qu'à raifon d'un cheval, & pour ce leur fera alloüé fix francs par jour.

Aux Mayeurs, Gens de Juftice, Officiers & Tabellions qui iront à pied, trois francs par jour.

Aux autres qui n'ont cette qualité, deux francs, fauf néanmoins à modérer par occafion.

A celuy qui apportera une Procuration, deux francs par jour, fauf à modérer à l'arbitrage du Juge.

Pour la façon de ladite Procuration, un franc.

VOULONS & *très-expressément en-*
joignons ausdits Lieutenans Généraux &
Particuliers, Prévôts, Gruyers, Juges,
Substituts, Mayeurs, Greffiers, Avocats,
Sergens, & leurs Successeurs esdits Offices,
& à chacun d'eux, entant qu'à luy touche-
ra, de se conformer audit Réglement,
nonobstant tous autres Réglemens précé-
dens, & le suivre & observer, le faire
suivre & observer étroitement & inviola-
blement, sans y contrevenir ny excéder di-
rectement ou indirectement, à telle peine
que de droit. MANDONS pareillement,
& ordonnons à nos très-chers & féaux les
Baillifs de Nancy, Vosges & Allemagne,
de faire promptement publier & enrégistrer
ledit Réglement esdits Siéges des Assises,
& Auditoires desdits Bailliages, à jours
ordinaires plaidables, à ce qu'aucun n'en
prétende cause d'ignorance, & tenir la
bonne main chacun en son endroit à l'exécu-
tion dudit Réglement ; Nous réservant
néanmoins d'y changer, ajoûter ou dimi-
nuer toutes & quantes fois que bon Nous
semblera. Et d'autant qu'à plusieurs besoin
fera d'avoir connoissance dudit Réglement,
Voulons qu'au Vidimus *des Présentes foy*
soit ajoûtée comme à l'Original ; Car ainsi
Nous plaît. En témoin de quoy Nous avons
aux Présentes signées de notre main, contre-
signées par l'un de nos Secretaires d'Etat,

Commandemens & Finances, fait mettre & appofer notre Cachet fecret. Données en notre Ville de Nancy, le premier jour d'Août mil fix cens vingt-huit.

Ainfi figné, CHARLES. *Et plus bas.* Par SON ALTESSE.

Les Sieurs de Lénoncourt, Primat de Lorraine ; de Mitry ; de Gournay, Sénéchal de Lorraine ; de Tantonville ; de Gournay de Secourt ; de Tantonville, Grand-Prévôt de Saint Diey ; Liégois, Baillivy, Prud-homme, Bourgeois, eux trois Maîtres des Requêtes ordinaires ; le Prêtre, Collignon, J. Perrin, F. Perrin, auffi Maîtres defdites Requêtes ; Friant, Rouyer, & autres, préfens.

Et pour Secrétaire, C. JANIN.

ORDONNANCE
DE SON ALTESSE,

Sur la remontrance faite par Meffieurs de fes Etats à la publication, tant des Coûtumes anciennes & nouvelles, que des Stiles, Formalitez & Réglement du Taux des Juges, Procureurs & autres Miniftres de Juftice.

CHARLES, *par la grace de Dieu, Duc de Calabre, Lorraine, Bar, Gueldres, Marchis, Marquis du Pont-à-Mouffon, Comte de Provence, Vaudémont, Blamont, Zutphen, &c. A nos très-chers & féaux*

Conseillers d'Etat les Baillifs de Nancy,
Vosges, & Allemagne, & à chacun d'eux,
SALUT. Les Gens de nos Etats ayant mis
la derniere main au Recueil en écrit des
Coûtumes générales sous lesquelles ils auront trouvé les Sujets, Terres, Seigneuries
& Lieux ressortissans à vos Bailliages avoir
été d'ancienneté jusques à luy, & pouvoir
être à l'avenir régis & gouvernez au fait
de la Justice, & la distribution d'icelle y
faite : Dressé aussi certaines formes avec
lesquelles ils ont pensé les procédures en
Justice pouvoir & devoir y être demenées
& instruites ; même avisé à une plus certaine détermination des salaires des Juges,
& autres Officiers & Ministres d'icelle,
qu'il n'auroit-encore été fait ; afin que de
là les dépens qui s'adjugeront esdits Procès, puissent être plus certainement & rai-
sonnablement taxez ; Et Nous ayant le
tout présenté, Nous ont de suite supplié
qu'il Nous plût en ordonner la publication, & que les Juges, tant superieurs
desdits Bailliages qu'inferieurs, des Districts & Ressorts d'iceux, ne donneront
Sentences contraires ausdites Coûtumes
anciennes, ny aux-nouvelles par Nous
homologuées ; ne recevront ny observeront
Stiles ou Formalitez répugnantes ausdites
mises en écrit ; N'exigeront ceux des Siéges desdits Bailliages ny permettront en
leurs Siéges être exigé & pris salaires

excédans le taux du Réglement y porté;
à peine aux contrevenans d'en demeurer à
tous dépens, domm ges & intérêts; Et
que le tout desdites Coûtumes, tant vieilles
que nouvelles, Formalitez de Justice, &
abus desdits salaires & dépens, sera à ces
fins enrégistré aux Greffes de chacun desdits
Bailliages, pour y avoir recours, ainsi que
le contient plus particuliérement ladite sup-
plication mise à la fin dudit Cahier desdites
Formalitez : Sçavoir faisons, que Nous
ayant égard à icelle, & qu'elle ne tend
qu'à un apparent bien public; Le tout vû
& consideré : Nous vous mandons que
jours après autres, & aux premieres &
plus prochaines Audiences de vos Causes
ordinaires, Vous fassiez publier lesdites
Coûtumes vieilles & nouvelles, Forme &
Stile de l'instruction des Procédures en
Justice, & taux desdits salaires; & le
tout inscrire ès Greffes de chacun Bailliage,
pour par occurrence y avoir recours. Voulons
& Nous plaît, & ainsi l'ordonnons & l'en-
joignons expressément, tant aux Juges
superieurs de chacun desdits Bailliages,
qu'inferieurs des lieux de leur ressort, &
tous autres qu'il peut & doit toucher, que
dès le jour de ladite publication en avant,
ils suivent & observent le tout étroitement,
sans permettre y être contrevenu, ny fait
chose ou donné Jugement au contraire. Et
pour ce que la diversité, différence &

varieté des Coûtumes particuliéres qui ont
été jusqu'icy observées en plusieurs lieux,
& la contrarieté d'icelles aux générales,
ont apporté le plus souvent causes, matieres & argumens de Procès, d'où les
Parties se sont trouvées presque ordinairement constituées en très-grands & excessifs
frais ; Nous avons, suivant ladite supplication, déclaré & déclarons, que toutes
Coûtumes particuliéres, locales, & autres
que lesdites générales écrites, demeureront
dorénavant, & dès les jours desdites publications, abrogées, nulles & anéanties,
& seront en tout cas lesdites écrites suivies ;
pourvû toutefois qu'auparavant le droit
n'en soit échû & acquis ; auquel cas Nous
n'entendons ny voulons aucunement être
par ce préjudicié à ceux à qui le droit seroit
jà ainsi acquis : Et que si Procès s'en in-
tenteroit depuis même lesdites publications,
il ne doive être jugé au Réglement desdites
Coûtumes particuliéres, ou de ce qui se
trouveroit en avoir été auparavant obser-
vé, & d'où le droit seroit avenu & acquis
à l'une ou à l'autre des Parties contendan-
tes ; mais autrement pour ce qu'écherra
depuis le jour desdites publications, tout
de même que Nous l'aurions jà ordonné à
l'égard desdites nouvelles homologuées ;
Nous avons le tout d'autres Coûtumes,
Stiles, Formalitez & Réglement de salaires
(que ce que s'en trouvera ainsi par écrit)
abrogé

abrogé & abrogeons ; sauf toutefois pour
les Doüaires aux hommes sur les biens de
leurs femmes défuntes, usufruit au survi-
vant de deux conjoints ès acquêts de leur
Communauté où il s'est accoûtumé, & au-
tres qui peuvent être expressément réservées
au Cahier desdites anciennes, si aucunes
en y a de réservées ou confirmées par exprès,
non autrement ny plus avant. Et pour ce
que depuis la conclusion desdites Coûtu-
mes, Stile & Formalitez en l'Etat du 14
Mars 1594. elles auroient été revûës,
corrigées, & l'ordre changé en aucuns en-
droits par les à ce commis de notre part
& desdits Etats sur ce assemblez à diverses
fois, & que néanmoins plusieurs Exemplai-
res dès lors de ladite conclusion en pour-
roient avoir été délivrez avant ladite ré-
vision, correction & changement ; afin de
couper chemin aux difficultez qu'en pour-
roient sourdre, Nous avons ordonné en
être mis sous la Presse, & ceux qui en
pourront être extraits, sont ceux (nou
autres) que Nous entendons être reçûs,
& leur texte & contenu suivi.

Si vous mandons, & à vos Lieutenans,
Juges, Procureurs-Généraux ou leurs Sub-
stituts, Greffiers & Clercs-jurez, Avocats,
Procureurs, Particuliers, Sergens, & tous
autres qu'il écherra, que cette présente no-
tre Déclaration, volonté, & Intention,
& lesdites Coûtumes, Stile, Formalitez

Z

& Réglement de dépenfe enrégiftrez, ils fuivent & obfervent, faffent fuivre & obferver férieufement & expreffément, comme chofe ainfi dûement faite, ftatuée, confentie & approuvée : Car ainfi Nous plaît. En foy & témoignage de quoy Nous avons à ces Préfentes fignées de notre main propre, fait mettre & appofer notre Scel fecret en placart. Données en notre Ville de Nancy, le premier jour de Juin mil cinq cens quatre-vingt quinze.

Ainfi figné, CHARLES. Et plus bas. Par Monfeigneur LE DUC, &c.

Les Sieurs Comte de Salm, Maréchal de Lorraine, & Gouverneur de Nancy; de Baffompierre Grand-Maître & Chef des Finances; de Gournay Bailly de Nancy; de Mailhane Gouverneur de Toul; de Mondreville; Maimbourg Maître aux Requêtes; Vincent Tréforier-Général; G. de Châtenoy; Bardin Maître aux Requêtes, & de Malvoifin, préfens.

Cachetées en placart du Scel fecret de SON ALTESSE, fur cire vermeille.

M. BOUVET.

NOUVELLES

DISPOSITIONS,

EN INTERPRÉTATION

DE LA COUTUME

DE LORRAINE,

DEPUIS

LE REGNE DE S. A. R.

LEOPOLD I.

ORDONNANCE

DE

SON ALTESSE ROYALE,

Pour réprimer les avantages immodérez des secondes Nôces.

Verifiée en la Cour le 12 Novembre 1711.

LEOPOLD, par la grace de Dieu, Duc de Lorraine, de Bar, & de Montferrat, Roy de Jerusalem, Marchis, Duc de Calabre & de Gueldres, Marquis de Pont-à-Mousson, & de Nommeny, Comte de Provence, Vaudémont, Blamont, Zutphen, Sarwerden, Salm, Falkenstein, Prince Souverain d'Arches, & Charleville, &c. A tous présens & à venir, SALUT. Comme le Mariage tire son institution du Droit divin & du Droit naturel, & qu'il est le fondement de la societé civile; les Loix humaines en ont embrassé la protection avec justice: mais les secondes Nôces n'étant pas favorables à certains égards, les Loix Romaines avoient flétri par des

Z iij

peines rigoureuses les femmes qui se
remarieroient dans l'année du deuil, &
reprimé par des sages précautions les
liberalitez indiscretes des unes & des
autres envers leurs seconds Maris. Le
Droit Canonique touché par des considerations plus importantes, rendit
l'honneur aux secondes Nôces, en con-
servant la distinction qui étoit duë aux
premieres ; & quoy que les Nations
Chrétiennes presque toutes se soient
conformées à cette disposition, la plûpart n'ont pas laissé de retenir ou de re-
nouveller celle du Droit Romain, pour
limiter les avantages par le moyen desquels les personnes qui se remarient se
procurent de nouveaux engagemens aux
dépens de la fortune du premier, & pour
empêcher que les bienfaits de la Partie
prédécedée en faveur du survivant, ne
passent dans une famille étrangere, au
mépris de l'ancien amour conjugal en-
seveli avec le défunt, & au préjudice
des premiers enfans. La prévoyance
judicieuse de ces Loix n'a pas encore
été pratiquée dans nos Etats, dont les
Coûtumes & les usages n'ont pourvû
qu'imparfaitement à la conservation des
Droits des enfans du premier lit, contre
la licence des secondes affections ; ce
qui a produit beaucoup de désordres
dans les familles, dont Nous avons reçû

de fréquentes plaintes, qui Nous obligent d'y remedier, en établiſſant parmi
nos Sujets une Juriſprudence également
équitable, & ſalutaire. A CES CAUSES,
de l'avis de notre Conſeil, & de notre
certaine ſcience, pleine puiſſance, &
autorité ſouveraine, Nous avons dit,
déclaré, ſtatué & ordonné, diſons, déclarons, ſtatuons & ordonnons, voulons
& Nous plaît, que dorênavant ceux de
nos Sujets, ſoit hommes ou femmes,
qui ayant des enfans d'un lit précedent,
ou des petits enfans en provenans, viendront à ſe remarier, ne pourront avantager directement ou indirectement leurs
autres Maris ou Femmes, les pere,
mere, ou enfans d'iceux, ou autres perſonnes interpoſées par fraude, ni leur
donner, ſoit par Contract de mariage,
teſtament, donation entre-vifs, ou à
cauſe de mort, ou par quelqu'autre Acte
que ce puiſſe être, deniers comptans,
dettes actives, immeubles, ou quelques
autres effets que ce puiſſe être à eux
appartenans, & d'où ils puiſſent pro-
ceder, plus outre ny au-delà de la portion qui appartiendra à celuy de leurs
enfans du premier lit qui prendra le
moins en leur ſucceſſion, ſoit *ab inteſtat*,
ſoit en vertu de diſpoſition par eux faite
en leur faveur ; & en cas de contraven-
tion, l'excédent deſdits avantages ſera

réduit à ladite portion du moins prenant desdits enfans. Voulons aussi que la proprieté de tous les avantages ou dispositions qui auront été faites par la Partie prédécedée au profit du survivant, soit par Contract de mariage, testament, ou autre Acte entre-vifs, ou à cause de mort, demeure réservée de plein droit, au point de la célébration du second Mariage, aux enfans du premier lit, sauf l'usufruit au survivant, qui ne pourra en disposer directement, ou indirectement, pour quelque cause & occasion que ce soit, sinon au cas que tous lesdits enfans viendroient à déceder avant le survivant; auquel cas la proprieté des mêmes avantages retournera de plein Droit audit survivant, avec réunion dudit usufruit, pour en disposer comme bon lui semblera. N'entendons néanmoins déroger aux Coûtumes de nos Pays, en ce que dans certains cas elles restraindroient davantage la liberté des personnes qui se remarient. VOULONS à cet égard qu'elles soient exécutées en ce présent Edit. SI DONNONS EN MANDEMENT à nos très-chers & féaux les Présidens, Conseillers, & Gens tenans notre Cour Souveraine de Lorraine & Barrois, & à tous autres nos Officiers, Justiciers, Hommes & Sujets qu'il appartiendra, que ces Présentes ils fassent lire, publier

& régistrer, & leur contenu exécuter
de point en point selon leur forme & teneur, nonobstant toutes Ordonnances,
Coûtumes, Arrêts & Réglemens contraires, ausquels Nous avons dérogé &
dérogeons à cet égard seulement ; cessant
& faisant cesser tous troubles & empêchemens au contraire. CAR AINSI
NOUS PLAÎT. En foy de quoy Nous
avons ausdites Présentes, signées de notre main, & contresignées par l'un de nos
Conseillers-Secretaires d'Etat, Commandemens & Finances, fait mettre &
appendre notre grand Scel. DONNÉ en
notre Ville de Lunéville le vingt-deuxié-
me jour du mois de Septembre 1711.

Signé, LEOPOLD. *Et plus bas*,
Par Son Altesse Royale, OLIVIER,
pro LABBÉ. *Regiſtrata*, D. PIERRE,
pro G. PERRIN.

*LÛë, publiée, l'Audience publique te-
nante, oüi & ce requerant le Procureur
Général : Ordonné qu'elle sera régistrée,
pour être suivie & exécutée selon sa forme &
teneur ; & qu'à sa diligence Copies dûëment
collationnées seront envoyées dans tous les.
Bailliages & Siéges ressortissans nûëment à
la Cour, pour y être pareillement lûë, publiée, suivie, exécutée & régistrée : Enjoint
aux Substituts de chacun desdits lieux, de
tenir la main à l'exécution d'icelle, & d'en
certifier la Cour au mois. Fait en la grande
Salle du Palais, le 12 Novembre 1711.*

Signé, VAULTRIN.

ÉDIT

DE

SON ALTESSE ROYALE,

Pour l'infinuation des Donations entre-
vifs, fubftitutions, &c.

*Verifié en la Cour Souveraine le 22 Dé-
cembre 1718.*

LEOPOLD, par la grace de Dieu,
Duc de Lorraine, de Bar, & de
Montferrat, Roi de Jerufalem, Marchis, Duc de Calabre & de Gueldres,
Marquis de Pont-à-Mouffon & de Nomeny, Comte de Provence, Vaudémont, Blamont, Zutphen, Sarwerden,
Salm, Falkenftein, Prince Souverain
d'Arche & Charleville, &c. A tous
préfens & à venir, SALUT. L'incertitu-
de où l'on eft de l'état de la fortune des
particuliers, donnant occafion à des
fraudes qui interreffent fenfiblement la
fociété civile, Nous avons eftimé qu'il
étoit de notre prévoyance d'y remédier.
Le poffeffeur d'un Bien en eft aifément
préfumé le proprietaire, fur-tout lorfque les Actes par lefquels il s'eft dépouil-

lé de la proprieté, ou qui ne lui ont acquis que l'usufruit de ce bien, démeu-
rent dans le secret : Cependant par une
mauvaise foy aussi commune qu'intoléra-
ble, il engage & hypotéque ce qui ne
lui appartient pas ; & abusant de la cré-
dulité de celui qui acquiert de lui, ou
qui lui prête ses deniers, il le plonge
souvent dans une ruine inévitable. Nous
croyons devoir faire sur cela une Loy
générale dans nos Etats, & introduire
les sages précautions que le Droit écrit,
& l'usage des Etats bien policez ont introduit en cas pareil. Nous y ajoûterons
même ce qui nous a parû pouvoir pré-
venir, ou éloigner les difficultez qu'on
a vû plusieurs fois agitées sur cette matiere, afin de ne rien obmettre de ce qui
peut assurer la tranquillité de nos Sujets,
qui fait l'objet principal de nos soins. A
CES CAUSES, & autres bonnes consi-
dérations à ce Nous mouvant de notre
certaine science, pleine puissance & autorité souveraine, Nous avons par le
présent Edit perpétuel & irrévocable,
dit, statué & ordonné, disons, statuons
& ordonnons, voulons & Nous plaît,

ARTICLE PREMIER.

Que dorénavant toutes Donations
d'Immeubles faites entre-vifs, Dona-

tions mutuelles, réciproques ou onéreu-
ses en faveur de Mariage, & toutes autres, en quelque forme, & de quelque
qualité qu'elles soient, seront publiées
en Jugement au jour de la plaidoirie, &
enrégistrées ès Greffes de nos Jurisdic-
tions & Siéges dans le Territoire desquels les Donateurs ont leur domicile,
& encore où chacune des choses données seront assises, si ce sont Biens séparez; mais en cas de Biens unis par
feodalité, ou autrement, lesdites Publications & Enrégistremens seront faits
au Siége du principal Manoir & chef-
lieu, dont le surplus desdits Biens dé-
pend, ensorte néanmoins que les Publications & Enrégistremens des dispositions des Biens feodaux, seront faits
en nos Bailliages & Siéges Bailliagers,
& des Biens roturiers en nos Prévôtez
& Siéges inférieurs.

II.

Toutes Substitutions Fidéi commissaires, par quelques Actes qu'elles puissent être faites, soit entre-vifs ou à cause de mort, seront pareillement publiées
& enrégistrées ès Siéges dans le Territoire desquels les choses seront assises,
& où ceux qui auront fait lesdit. Substitutions auront leur domicile, en distin-
guant, comme en l'article précédent,
les Biens feodaux de ceux de roture.

III.

Toutes Ventes, Cessions ou Délaisse-
mens de proprieté d'Immeubles, faits
avec clause de retention d'usufruit par
les Vendeurs cédans ou délaissans, seront également publiées & régistrées
esdits Siéges, dans le ressort desquels
lesdits Biens vendus, cédez & délaissez
feront situez, & où les Vendeurs cédans
& délaissans auront leur domicile.

IV.

Toutes Institutions contractuelles
d'Héritiers, & Donations faites entre-
vifs d'universalité de Meubles ou d'usufruit d'Immeubles, de pension & rente
viagere, ou autres sommes spécialement
affectées sur Immeubles, feront aussi
publiées, & régistrées en nos Siéges,
sous lesquels les Instituans & Donateurs
auront leurs domiciles.

V.

Les Donations, ou dispositions à cause de mort, non contenant clauses de fi-
dei-commis; non plus que les Donations
à cause de Nôces, faites par Peres &
Meres, & autres ascendans, sans clause
de retention d'usufruit, ne feront sujet-
tes à la publication & enrégistrement.

VI.

Seront faites lesdites publications &
enrégistremens à peine de nullité desdit.
Donations, Substitutions, & autres

Actes cy-deffus énoncez, fans qu'ils puiffent être oppofez aux Créanciers & tiers détenteurs , ny même à l'héritier du Donateur , pour les Biens fituez dans le reffort des Siéges où les publications & enrégiftremens n'auront pas été faits ; laquelle nullité aura lieu contre toutes perfonnes indiftinctement , fauf le re-cours des Mineurs & autres qui font en puiffance d'autrui contre leurs Tu-teurs , & autres adminiftrateurs de leurs Biens ; & ne pourront lefdites publica-tions & enrégiftremens être fuppléez par aucun Acte équipollent , quand bien même on prétendroit que lefdits créanciers , tiers détenteurs ou héritiers auroient eû ou pû avoir connoiffance des Donations & Subftitutions par au-tres voyes.　　V I I.

La nullité prononcée en l'Article pré-cédent, ne pourra fervir ni être alleguée par les Donateurs , Subftituants , ven-deurs , cédans & délaiffans , ny même par les héritiers du Tuteur, Mari , ou autre adminiftrateur des Biens du dona-taire de l'inftitué & fubftitué , qui au-roient dû faire faire lefdites publica-tions & enrégiftremens.

V I I I.

La même nullité à l'égard des fubfti-tutions ne pourra auffi fervir ny être al-leguée par l'héritier inftitué & fes repréfentans, contre les fubftituez, ny par les premiers fubftituez & leurs repréfentans contre les feconds, & ainfi fucceffivement felon les degrez qui feront établis efdites fubftitutions, fauf leur recours contre l'inftitué, ou les fubftituez qui auroient obmis de faire faire lefdites publications & enrégiftremens, & qui auroient intermédiairement aliéné ou hypotéqué les Biens fubftituez.

IX.

Lefdites publications & enrégiftremens feront faits tant entre préfens que abfens pour les Actes entre-vifs, dans les quatre mois du jour & date d'Iceux; & pour les fubftitutions faites par Acte à caufe de mort, dans les quatre mois du jour du décès des fubftituans, fans préjudice néanmoins des Droits des créanciers & tiers détenteurs, qui auroient contracté dans les temps intermédiaires d'entre les difpofitions fufdit. & lefdites publications & enrégiftremens.

X.

Permettons néanmoins de faire lefd. publications & enrégiftremens, après les quatre mois de la date des Actes entre-vifs, pourvû que ce foit du vivant des Donateurs & Donataires, & des autres Parties contractantes; auquel cas elles vaudront contre leurs héritiers feulement, & non contre lefdits créanciers, & tiers détenteurs intermédiaires, qui auroient contracté depuis la date desdits Actes jusqu'à leur publication & enrégistrement. Si Donnons en Mandement à nos très-chers & feaux les Présidens, Conseillers, & Gens tenans notre Cour Souveraine de Lorraine & Barrois ; & à tous autres nos Officiers, Justiciers, Hommes & Sujets qu'il appartiendra, que notre présent Édit ils fassent lire, publier, régistrer & afficher par-tout où besoin sera, à ce que personne n'en ignore ; & le contenu en icelui garder & faire observer de point en point selon sa forme & teneur, cessant & faisant cesser tous troubles & empêchemens ; nonobstant tous Édits, Déclarations, Coûtumes, & autres choses à ce contraires, ausquelles Nous avons dérogé, & dérogeons par ces Présentes : Car ainsi Nous plaît. En foi de quoi Nous avons ausdites Présentes signées de notre main, & contresignées par l'un de nos Conseillers-Secretaires d'État, Commandemens & Finances, fait mettre & appendre notre grand Scel. Donné en notre Ville de Lunéville le 13 Décembre 1718.

Signé, LEOPOLD. *Et plus bas*, Par Son Altesse Royale, S. M. Labbé. *Registrata*, TALLANGE.

LÛ,

LU, publié & régiſtré, ouï & ce requérant le Procureur-Général de S. A. R.
pour être gardé, obſervé & exécuté ſelon
ſa forme & teneur : ordonné que Copies
düement collationnées ſeront inceſſamment
envoyées dans tous les Bailliages & autres
Siéges reſſortiſſans nüement à la Cour,
pour y être pareillement lû, publié, régiſtré, gardé, obſervé & exécuté. Enjoint
aux Subſtituts dudit Procureur-Général
de S. A. R. ſur les lieux, d'y tenir la
main, & d'en certifier la Cour au mois.
FAIT à Nancy à l'Audience publique te-
nante, le Jeudy 22 Décembre 1718.

Signé, LAMEL.

ÉDIT

DE

SON ALTESSE ROYALE,

Servant de Réglement en matiére
de Retrait Lignager.

Verifié à la Cour le 15 Mars 1723.

LEOPOLD , par la grace de
Dieu, Duc de Lorraine , de Bar ,
de Montferrat & de Teschen , Roy de
Jerusalem , Marchis , Duc de Calabre
& de Gueldres , Marquis de Pont-à-
Mousson & de Nommeny , Comte de
Provence, Vaudemont , Blamont, Zutphen, Sarwerden , Salm , Falkenstein ,
Prince Souverain d'Arches & Charleville , &c. A tous présens & à venir,
SALUT. La matiére des Retraits Lignagers est une de celles du Droit coû-
tumier , qui cause le plus de difficultez.
Les formalitez scrupuleuses que certaines Coûtumes y ont introduites , tandis
que la facilité autorisée dans d'autres ,
de se présenter au Retrait , en offrant
simplement une piéce d'or , & une piéce
d'argent , pour retirer un Bien vendu

à quelque prix que ce foit, femblent
être autant de piéges tendus aux Lignagers & aux Acquereurs. La grande difficulté de prouver, comme quelques
Coûtumes l'exigent, que l'on eft def-
cendu du premier Acquereur du Bien
qu'on veut retirer, & l'affectation qu'on
a fouvent de contracter hors du lieu de
fa réfidence, pour dérober aux parens
la connoiffance de la Vente, font autant
de moyens de frauder le Retrait ; pendant que la liberté d'une Coûtume fin-
guliere accorde de retirer les fimples
Acquêts, multiplie les Retraits, contre
les Principes de leur inftitution originaire, qui n'a eû pour but que la confervation dans les familles, des Biens
qu'une longue poffeffion de Pere en Fils,
y a rendus héréditaires & patrimoniaux.
Ces confidérations Nous portent, en
faifant une régle uniforme dans nos Etats
à empêcher les Retraits abufifs, & à
faciliter ceux qui font légitimes ; afin
de remédier aux inconvéniens qui ont
été jufqu'à préfent une fource intariffa-
ble de Procès. A CES CAUSES, & autres à ce Nous mouvant ; la matiére
mife en délibération en notre Confeil,
de l'avis des Gens d'icelui, & de notre
certaine fcience, pleine puiffance & autorité fouveraine, NOUS AVONS par
le préfent Edit perpétuel & irrévocable,

dit, ſtatué & ordonné, diſons, ſtatuons & ordonnons, voulons & Nous
plaît,

ARTICLE·PREMIER.

Que ſi dorénavant aucun vend ſon
Bien immeuble de Ligne, ou s'il eſt aju-
gé par Décret de Juge à perſonne étrangere de la Ligne, du côté de laquelle led.
Bien lui eſt obvenu ; le Lignager du
Vendeur, ou de la Partie ſaiſie, du côté d'où meut ledit Bien, puiſſe dans
l'an & jour en exercer le Retrait.

II.

Mais n'aura lieu ledit Retrait pour
vente de Biens acquis par le Vendeur,
ou par la Partie ſaiſie, ſi l'Acquêt n'a
été fait en Ligne.

III.

Suffira pour exercer le Retrait des
Biens de Ligne, que le Retrayant ſoit
parent du Vendeur, ou de celui ſur lequel on aura décretté, du côté d'où
provient l'Immeuble, ſans qu'il ſoit néceſſaire d'être deſcendu du premier Acquereur ; & ſans que le Lignager plus
éloigné puiſſe être exclu par le plus prochain, s'ils ne ſe trouvent concurrens
audit Retrait, & ne ſe préſentent à
icelui en même jour.

IV.

L'an & jour ne commencera à courir

en cas de Vente volontaire, que du
jour que l'Acquereur aura pris possef-
sion réelle en la forme cy-après; & en
cas d'Adjudication forcée, que quinzaine après ladite Adjudication, pendant
laquelle quinzaine le Débiteur pourra
racheter le Bien sur lui décretté, sans
qu'audit cas d'Adjudication forcée, il
soit nécessaire d'aucun Acte de prise de
possession.

V.

La Mise en possession, audit cas de
Vente volontaire, sera faite, pour les
Biens Fiefs, par un Tabellion & deux
Témoins, ou par deux Notaires; ou
par un Huissier du Siége ayant premiere
Jurisdiction sur ledit Fief, à l'assistance
de deux Recors.

V I.

Ne pourront être employez d'autres
Tabellions ou Notaires, que ceux qui
seront établis dans la Prévôté ou Office,
dans lesquels le Fief sera situé.

V I I.

Ne seront admis pour Témoins ou
Recors, que personnes connues, &
résidentes dans la Paroisse du principal
Manoir dudit Fief, auquel principal
Manoir sera fait l'Acte de prise de pof-
session.

V I I I.

En ce qui concerne la Vente volon-

taire des Biens de Roture, l'Acquereur
pourra en être mis en poſſeſſion par un
Tabellion & deux Témoins ; ou par
deux Notaires, ou par un Huiſſier à
l'aſſiſtance de deux Recors ; ou par le
Sergent des lieux, & deux Recors ; leſdits Tabellions, Notaires, Huiſſiers,
Témoins & Recors, de la qualité &
réſidence avant dite.

I X.

S'il y a pluſieurs Biens indépendans
les uns des autres, & faiſans corps diſ-
tincts & ſéparez, vendus par un ſeul &
même Contract, l'Acquereur ſera tenu
de prendre poſſeſſion dans tous les chefs-
lieux de la ſituation deſdits Biens.

X.

L'Acte, Exploit, ou Procès-verbal
de ladite Miſe en poſſeſſion, contiendra
les noms, ſurnoms & demeures des
Tabellions, Notaires, Huiſſiers, Sergens, Témoins & Recors qui y auront
aſſiſté ; le prix de l'Acquiſition ; s'il a été
payé, ou laiſſé en crédit, & à quelles
conditions ; ſi on a ſtipulé des vins, &
à quelle ſomme ils montent ; les nom,
ſurnom, qualité, & réſidence de l'Acquereur, la date du Contract d'Acquiſition, les noms, ſurnoms, & demeures
du Tabellion, ou des Notaires qui
l'auront reçû.

XI.

Sera ledit Acte, Exploit, ou Procès-verbal, controllé & enrégistré au Greffe de la Justice, qui aura Jurisdiction en premiere Instance sur le Bien vendu, & ne courra l'an & jour du Retrait, que du jour dudit Enrégistrement.

XII.

Sera payé deux francs au Greffier pour tous Droits d'Enrégistrement de l'Acte de prise de possession d'un Fief ; autant pour l'expedition si elle est requise ; & moitié pour les Biens de Roture, non compris le Papier timbré.

XIII.

A défaut de ladite prise de possession, ou en cas de manquement à quelques-unes des formalitez cy-dessus ordonnées, l'action en Retrait Lignager durera pendant dix ans, à compter du jour du Contract de Vente, passé par-devant Tabellion, ou Notaire.

XIV.

Abrogeons l'usage des publications de la Vente, introduit par l'Article premier du Titre IX. de la Coûtume de Saint Mihiel.

XV.

Ceux qui ont acquis cy-devant dans ladite Coûtume de Saint-Mihiel, & qui n'ont fait faire publications de leurs Acquisitions, à défaut desquelles publi-

cations, l'action en Retrait se perpé-
tuoit pendant trente ans ; pourront se
faire mettre en possession en la forme
cy-dessus prescrite ; moyennant quoy
l'an & jour du Retrait courra du jour de
l'Enrégistrement de leur Mise en possession, nonobstant ledit défaut de publications ; si non ladite action en Retrait
durera encore pendant le tems qui
restoit à écouler des trente ans du jour
du Contract, au cas que ledit temps
soit moindre de dix années ; & s'il en
reste davantage, voulons qu'il demeure
restraint à dix ans, à compter du jour
de la publication du présent Edit, dans
le Siége ayant Jurisdiction, en premiere
Instance sur le Bien acquis.

X V I.

Et à l'égard des Contracts de Vente
passez dans les autres Coûtumes, avant
la Publication, comme dit est, du présent Edit ; le temps de l'action en Retrait, qui aura commencé à courir,
continuera, & finira suivant leur disposition.

X V I I.

Pour exercer valablement le Retrait,
en cas qu'il y ait eû prise de possession
en forme, il suffira au Lignager d'offrir deniers à découvert à l'Acquereur
en son domicile, s'il est résidant dans
nos Etats ; si non au domicile de son

Fermier,

Fermier, Locataire, ou Agent : compter & nombrer le prix principal, & les vins, & somme vray-semblablement déboursée pour les frais & loyaux coûts, avec offre de parfournir, s'il échet.

XVIII.

Si le prix de la Vente n'a pas été payé en tout, ou en partie, le Retrayant sera tenu de rapporter en se présentant au Retrait, quittance, ou décharge du Vendeur, en bonne & dûë forme, ou d'offrir Caution suffisante de faire décharger l'Acquereur.

XIX.

Si l'Acquereur résidant dans nos Etats, ou le Fermier, Locataire, ou Agent de l'Acquereur étranger, sont absens de leurs domiciles, les offres faites à la femme seront valables.

XX.

En cas d'absence du Mary & de la Femme, suffira de prendre Acte du devoir fait par le Retrayant, de s'être transporté à domicile, pour faire lesdites offres ; compter & nombrer lesdits deniers, en présence des Instrumentaires & Témoins de l'Acte.

XXI.

En cas de refus, les deniers qui auront été offerts, & qui auront été comptez & nombrez, & lesdites quittances ou

Bb

décharges, s'il y en a, feront configrez entre les mains du Receveur des Configrations du Siége ayant Jurifdiction en premiere Inftance fur le Bien à retirer.

XXII.

Et en cas d'abfence, les deniers qui auront été comptez & nombrez; comme dit eft, & lefdites quittances, ou décharges, fi aucunes y a, feront configrez de même.

XXIII.

La Confignation fera faite, au moins dans le huitiéme jour, y compris celuy de la Préfentation au Retrait.

XXIV.

L'Acquereur fera enfuite affigné par-devant le Juge ordinaire de la fituation des Biens, ayant Jurifdiction fur iceux; en forte néanmoins que tous lefdits devoirs foient faits dans l'an & jour cy-deffus préfigé.

XXV.

Si par un même Contract il y a plufieurs corps de Biens, indépendans les uns des autres, & fituez dans différentes Jurifdictions en premiere Inftance, qui foient vendus à un feul prix; le Lignager fera tenu de configrer, & d'affigner l'Acquereur au Bailliage, ou Siége Bailliager, d'où dépendront tous lefdits Biens, & d'y faire fes pourfuites

pour le tout ; & si lesdits Biens étoient
sous le Ressort de différens Bailliages,
ou Siéges Bailliagers, lesdites Consi-
gnations, Assignations & Poursuites,
seront faites en celuy desdits Bailliages
ou Siéges Bailliagers, dans lequel l'Acquereur sera résidant, si non dans celuy
des Bailliages, ou Siéges Bailliagers,
sous lequel la plus grande partie des
Biens vendus sera située, en obtenant
ensuite pour l'exécution du Jugement
qui y interviendra, *Pareatis*, pour les
Biens situez sous les autres.

XXVI.

S'il n'y a eû Prise de possession en
forme, & que le Lignager veuille se
présenter au Retrait, suffira qu'il offre
somme vray-semblablement déboursée,
tant pour le sort principal, que pour les
vins, frais, & loyaux coûts, & qu'il
offre de parfournir ; ce qu'il sera tenu de
faire dans la huitaine, du jour qu'il aura
été certioré desdits prix, vins, frais,
& loyaux coûts, en satisfaisant au surplus aux formalitez contenuës ès Articles cy-dessus.

XXVII.

Seront lesdites offres faites par un Tabellion, assisté de deux Témoins, ou
par deux Notaires, ou par un Huissier,
ou Sergent, assisté de deux Recors ;
lesdits Tabellions, Notaires, Huissiers

& Sergens, ayans pouvoir d'inftrumen-
ter dans le lieu où ils feront lefdites
offres.

XXVIII.

Abrogeons toutes autres formalitez
cy-devant prefcrites pour la validité de
l'Acte de Préfentation au Retrait.

XXIX.

Celuy des deux Conjoints, (où fes
Héritiers,-) de la Ligne duquel ne fera
l'Héritage qui aura été retiré pendant
le Mariage, fera tenu, s'il en eft requis
dans l'an & jour de la diffolution dudit
Mariage, de rendre la moitié dudit Héritage en payant par le Lignager, ou
fes Héritiers, la moitié des deniers du
fort principal, frais, & loyaux coûts,
bâtimens, & améliorations, qui pourront y avoir été faits.

XXX.

Voulons que les difpofitions contenuës en notre préfent Edit, foient fui-
vies & exécutées dans tous nos Etats,
Pays, Terres & Seigneuries de notre
obéïffance, nonobftant toutes Loix,
Edits, Ordonnances, Us & Coûtumes,
faifans au contraire, aufquels Nous
avons dérogé & dérogeons par ces
Préfentes.

XXXI.

Seront au furplus lefdites Loix, Edits,
Ordonnances, Us, & Coûtumes, fuivis

& exécutez selon leur forme & teneur, pour les cas non exprimez cy-deſſus.

SI DONNONS EN MANDEMENT à nos très-chers & féaux les Préſidens, Conſeillers, & Gens tenans notre Cour Souveraine de Lorraine & Barrois; Baillis, Lieutenans Généraux, & Gens de nos Bailliages, Prévôts, Mayeurs, & à tous autres nos Officiers, Juſticiers, Hommes & Sujets qu'il appartiendra, que ces Préſentes ils faſſent lire, publier, régiſtrer & afficher par-tout où beſoin ſera ; & le contenu en icelles ſuivre & exécuter, ſans permettre, ny ſouffrir qu'il y ſoit contrevenu directement ny indirectement : CAR AINSI NOUS PLAÎT. En foy de quoy Nous avons aux Préſentes ſignées de notre main, & contreſignées par l'un de nos Conſeillers, Secretaires d'Etat, Commandemens & Finances, fait mettre & appendre notre grand Scel. DONNÉ en notre bonne Ville de Nancy au mois de Mars mil ſept cent vingt-trois.

Signé, LEOPOLD. *Et plus bas*, Par Son Alteſſe Royale, S. M. LABBÉ. *Regiſtrata*, TALLANGE.

L U, *publié & régiſtré ; Ouï, & ce re-querant le Procureur-Général de S. A. R. pour être ſuivi, & exécuté ſelon ſa forme & teneur ; ordonné qu'à la diligence dudit*

Procureur-Général, copies dûëment colla-
tionnées feront envoyées dans tous les Bail-
liages & autres Siéges reffortiffans nûëment
en la Cour, pour y être pareillement lû,
publié, régiftré, & exécuté. Enjoint aux
Subftituts du Procureur-Général fur les
lieux, de tenir la main à l'exécution, &
d'en certifier la Cour au mois. FAIT à
Nancy à l'Audience publique de la Cour
Souveraine de Lorraine & Barrois, tenüë
en Robes rouges, le Lundy quinziéme Mars
mil fept cent vingt-trois, préfens Meffieurs
Cueullet & de Gondrecourt, Préfidens au
Mortier, l'Abbé de Mahuet, Confeiller-
Prélat, de Nay, Parifot, Hurault, de
Malvoifin, de Lombillon, Baudinet, Du-
boys de Riocourt, de Sarrazin, Henry de
Pont, Viriet de Remicourt, Dauburtin
de Charly, Dupuy, Roïiot, de Kiecler,
Grandemange, Denay de Richecourt, Cueul-
let de Villey & Thomaffin, Confeillers.

ÉDIT

DE

SON ALTESSE ROYALE,

Qui fupprime les Projets de Coûtumes du Comté de Vaudémont & du Bailliage de Châtel.

Verifié en là Cour le 15 Mars 1723.

LEOPOLD, par la grace de Dieu, Duc de Lorraine, de Bar, de Montferrat & de Tefchen, Roy de Jerufalem, Marchis, Duc de Calabre & de Gueldres, Marquis de Pont-à-Mouffon & de Nommeny, Comte de Provence, Vaudémont, Blamont, Zutphen, Sarwerden, Salm, Falkenftein, Prince Souverain d'Arches & Charleville, &c. A tous préfens & à venir, SALUT. On a toujours regardé la multiplicité des Coûtumes comme une fource de troubles & de Procès. Les plus grands Princes ont fouvent tenté de rendre les Coûtumes uniformes dans leurs Etats : mais quelques habiles Magiftrats qu'ils ayent employez à ce grand deffein, ils n'ont pû y réuffir, par la difficulté de concilier tant d'ufages contraires, qui avoient

Bb iiij

pris racine chez différens peuples de
mœurs oppofées, quoique Sujets d'un
même Souverain. Tout ce qu'on a pû
faire a été de réformer quelques difpofitions abufives, ou de donner des éclair-
ciffemens fur celles qui étoient obfcures.
Nous croirions, comme eux, devoir
conferver les différens ufages de tous
nos peuples, s'ils étoient bien avérez,
en corrigeant feulement ceux qui peuvent être abufifs. Mais comme Nous
fommes informé que nos Sujets du
Comté de Vaudémont, & du Bailliage
de Châtel n'ont point de Loix certaines ; qu'ils ne fe réglent que fur quelques
Manufcrits intitulez (Projets de Coûtumes) répandus parmy les Praticiens,
que ceux-cy ont copiez, & qu'ils inter-
prétent à leur gré ; que ces Manufcrits
ont été rédigez fans aucune autorité ; &
que leurs difpofitions fe trouvent non
feulement contraires les unes aux autres, mais encore à des ufages reçûs ;
Nous avons crû qu'il étoit important
pour la tranquillité des Familles de ces
Provinces, de leur prefcrire des Loix
claires, certaines, & convenables à
leurs mœurs, en les réuniffant à celles
de notre Duché de Lorraine, dont ils
n'ont été féparez anciennement, que
pour former l'Appanage de quelques
Princes de notre Maifon. A CES

CAUSES, & autres à ce Nous mouvans, la matiere mife en déliberation en
notre Confeil, de l'avis des Gens d'iceluy, & de notre certaine Science, pleine Puiffance, & Autorité Souveraine,
Avons par le préfent Edit perpetuel &
irrévocable, dit, ftatué, & ordonné,
difons, ftatuons & ordonnons, Voulons, & Nous plaît, que tous les Manufcrits intitulez (Projets de Coûtumes
du Comté de Vaudémont, & du Bailliage de Châtel) foient & demeurent
fupprimez. Faifons défenfes à tous Avocats, Procureurs, & Praticiens, de les
citer en plaidant verbalement, ny par
écrit ; & à tous Juges d'y avoir aucun
égard en leurs Jugemens. Seront tous
& chacun nos Sujets defdits Comtez
de Vaudémont, & Bailliage de Châtel,
foumis aux difpofitions des Coûtumes
générales de notre Duché de Lorraine,
que Nous voulons leur fervir de Loix,
& Coûtumes municipales en toutes chofes généralement quelconques. Enjoignons à tous nos Juges de s'y conformer pour la décifion des Procès & diffé-
rends qui pourront naître entre nofdits
Sujets, même entre tous autres, pour
raifon des biens fituez efdits Comtez de
Vaudémont, & Bailliage de Châtel ;
dérogeant pour cet effet à tous Ufages,
Stiles, Coûtumes, & Réglemens fai-

fans au contraire des Préfentes. SI
DONNONS EN MANDEMENT
à nos très-chers & féaux les Préfidens,
Confeillers, & Gens tenans notre Cour
Souveraine de Lorraine & Barrois,
Baillis, Lieutenans Généraux, Particuliers, Confeillers, & Gens tenans
nos Bailliages de Vezelife & de Châtel,
Prévôts, Mayeurs, & à tous autres nos
Officiers, Jufticiers, Hommes, & Sujets qu'il appartiendra, que ces Préfentes
ils faffent lire, publier, régiftrer & afficher par-tout où befoin fera, & le contenu en icelles fuivre & exécuter felon
fa forme & teneur, fans permettre, ny
fouffrir qu'il y foit contrevenu directement, ni indirectement : CAR AINSI
NOUS PLAIT. En foy de quoy Nous
avons aux Préfentes fignées de notre
main, & contrefignées par l'un de nos
Confeillers, & Secretaires d'Etat, Commandemens & Finances, fait mettre &
appendre notre grand Scel. DONNÉ en
notre bonne Ville de Nancy le 10 Mars
1723.

Signé, LEOPOLD. *Et plus bas*, Par
Son Alteffe Royale, S. M. LABBÉ.
Regiftrata, TALLANGE.

*L*U, publié & régiftré, ouï & ce requerant le Procureur-Général de S. A. R.
pour être fuivi & exécuté felon fa forme

& teneur ; ordonné qu'à la diligence dudit Procureur-Général copies duëment colla-tionnées feront envoyées dans tous les Bailliages, & autres Siéges ressortissans nuëment en la Cour, pour y être pareille-ment lû, publié, régistré & exécuté. En-joint aux Substituts du Procureur-Général sur les lieux de tenir la main à l'exécu-tion, & d'en certifier la Cour au mois. FAIT à Nancy en l'Audience publique de la Cour Souveraine de Lorraine & Barrois, tenuë en Robes rouges, le Lundy quinziéme Mars 1723. présens Messieurs Cucullet, & de Gondrecourt, Présidens au Mortier, l'Abbé de Mahuet Conseiller-Prélat, de Nay, Pari . . Hurault, de Malvoisin, de Lombillon, Baudinet, Duboys de Rio-court, de Sarrazin, Henry de Pont, Viriet de Remicourt, Dauburtin de Charly, Du-puy, Roüot, de Kiecler, Grandemange, de Nay de Richecourt, Cueullet de Villey & Thomassin, Conseillers.

ORDONNANCE

DE

SON ALTESSE ROYALE,

Qui fupprime les Contracts
de *Nonobftant*.

Verifié en la Cour le 15 *Mars* 1723.

LEOPOLD, par la grace de Dieu,
Duc de Lorraine, de Bar, de Montferrat, & de Tefchen, Roy de Jerufalem, Marchis, Duc de Calabre & de
Gueldres, Marquis de Pont-à-Mouffon
& de Nommeny, Comte de Provence,
Vaudémont, Blamont, Zutphen, Sarwerden, Salm, Falkenftein, Prince
Souverain d'Arches & Charleville, &c.
A tous préfens & à venir, SALUT. Entre les différens abus que la malice, ou
l'ignorance ont introduits dans nos Etats
pendant des temps de trouble, Nous
en trouvons un dans les ftipulations qui
fe font en fait de Ventes d'Immeubles,
qui Nous a parû digne d'être réformé.
Quoy que la vérité doive éclater dans
toutes les ftipulations, il s'en fait néanmoins, où elle eft entierement éludée
par un Acte formé féparément de celuy

de Vente, dans lequel, après que le Notaire, ou Tabellion, a déclaré formellement que l'Acquereur a payé tout le prix de son Acquisition, ou que la Vente est pure & simple, il stipule en même temps, par un Acte à part en forme de contre-lettre, à laquelle le vulgaire a donné le nom de *Contract de Nonobstant*, que le Vendeur se réserve une faculté de Remeré, ou que le tout, ou partie du prix n'a point été payé; qu'il reste encore dû au Vendeur; & que pour sûreté de son payement, il se réserve privilege, & hypotéque speciale sur le bien vendu. La contradiction frauduleuse de ces Actes, dont les énonciations se détruisent mutuellement, est condamnable, non seulement, par le faux qu'elle renferme, mais encore parce qu'elle tend un piége ruineux à ceux qui sur la vuë du Contract d'acquisition quittancé, prêtent facilement leurs deniers à l'Acquereur, en se croyant assurez d'une hypoteque sur le bien acquis, laquelle se trouve réellement inutile par les réserves portées dans le second Acte, ou Contract de Nonobstant; ou acquierent comme bien libre, un immeuble rachetable. Le desir que Nous avons de faire regner la bonne foy dans tous les Actes de la societé civile, ne Nous permet pas de tolerer un usage aussi abusif.

A CES CAUSES, la matiére mise en déliberation en notre Conseil, de l'avis des Gens d'iceluy, & de notre certaine Science, pleine Puissance & Autorité Souveraine, Nous avons fait & faisons très-expresses inhibitions & défenses à tous Tabellions, & Notaires, de recevoir, ni passer, en matiere de Vente & d'Achat d'Immeubles, dont le prix n'aura pas été payé comptant, ou pour lequel on sera convenu d'une faculté de Remeré, deux Actes séparez, l'un pour rendre le Contract de Vente pur & simple, ou quittancé; l'autre pour réserver la faculté de Remeré ou le dû de la totalité, ou de partie du prix de la chose venduë, leur enjoignons au contraire de rédiger en un seul & même Acte toutes les conventions des Parties, & notamment d'y exprimer s'il y a faculté de Remeré, & si le prix de la Vente reste dû pour le tout, ou pour partie; sauf à l'Acquereur de faire quittancer son Contract d'acquisition, à mesure qu'il fera les payemens du prix qui en restera dû. Déclarons tous Contracts de Nonobstant, & tous autres Actes de quels noms qu'ils puissent être appellez, qui seront faits à l'avenir séparément de celuy de Vente & d'Achat d'Immeubles, pour en modifier, restraindre, ou anéantir les clauses, nul & de nul effet & valeur. Voulons que les Parties qui les auront fait faire, & les Tabellions, ou Notaires qui les auront reçûs, soient condamnez chacun en cinq cent francs d'amende envers Nous, & que lesdits Tabellions & Notaires, soient en outre pour la premiere fois interdits de leurs fonctions, pour six mois, & privez de leurs Offices pour toujours en cas de récidive. Dérogeons à tous Edits, Ordonnances, Us, & Coûtumes faisans au contraire. SI DONNONS EN MANDEMENT à nos très-chers & féaux les Présidens, Conseillers, & Gens tenans notre Cour Souveraine de Lorraine & Barrois; Baillis, Lieutenans Généraux, Conseillers, & Gens de nos Bailliages; Prévôts, & à tous autres nos Officiers & Justiciers qu'il appartiendra, que ces Présentes ils fassent lire, publier, régistrer, & afficher par-tout où besoin sera, & de tenir la main à leur pleine & entiere exécution, sans permettre qu'il y soit contrevenu directement, ny indirectement: CAR AINSI NOUS PLAÎT. Et afin que ce soit chose ferme & stable à toujours, Nous avons aux Présentes, signées de notre main & contresignées par l'un de nos Conseillers, Secretaires d'Etat, Commandemens & Finances, fait mettre & appendre notre

grand Scel. DONNÉ à Nancy le huitiéme Mars 1723.

Signé, LEOPOLD. *Et plus bas*, Par
Son Altesse Royale, S. M. LABBÉ.
Regiſtrata, TALLANGE.

Lûë, *publiée & régiſtrée ; oüi & ce requerant le Procureur-Général de S. A. R.
pour être ſuivie & exécutée ſelon ſa forme
& teneur ; ordonné qu'à la diligence dudit
Procureur-Général, copies dûëment colla-
ionnées ſeront envoyées dans tous les Bailliages & autres Siéges reſſortiſſans nûëment
en la Cour, pour y être pareillement lûë,
publiée, régiſtrée & exécutée. Enjoint aux
Subſtituts du Procureur-Général ſur les
lieux, de tenir la main à l'exécution, &
d'en certifier la Cour au mois. FAIT à
Nancy en l'Audience publique de la Cour
Souveraine de Lorraine & Barrois, tenüe
en Robes rouges, le Lundy 15 Mars 1723.
préſens Meſſieurs Cueullet & de Gondrecourt Préſidens au Mortier, l'Abbé de
Mahuet, Conſeiller - Prélat, de Nay,
Pariſot, Hurault, de Malvoiſin, de Lombillon, Baudinet, Duboys de Riocourt,
de Sarrazin, Henry de Pont, Viriet de
Remicourt, Dauburtin de Charly, Dupuy,
Roiiot, de Kiecler, Grandemange, de
Nay de Richecourt, Cueullet de Villey, &
Thomaſſin, Conſeillers.*

ÉDIT

ÉDIT

DE

SON ALTESSE ROYALE,

Qui fixe la Majorité à vingt-cinq ans.

Verifié en la Cour le 15 Mars 1723.

LEOPOLD, par la grace de Dieu, Duc de Lorraine, de Bar, de Montferrat & de Teschen, Roy de Jerusalem, Marchis, Duc de Calabre & de Gueldres, Marquis de Pont-à-Mousson & de Nommeny, Comte de Provence, Vaudémont, Blamont, Zutphen, Sarwerden, Salm, Falkenstein, Prince Souverain d'Arches & Charleville, &c. A tous présens & à venir, SALUT. La fixation de la Majorité des Enfans de famille à vingt ans, & à vingt-un ans, dans quelques-unes des Coûtumes de nos Etats, Nous a paru d'autant plus digne de réformation, que cette disposition est contraire à celles de toutes les autres Coûtumes, qui servent de loix à nos peuples, & à celles de presque toutes les Nations, qui les ayant puisées dans la sagesse des Loix Romaines, ont

Cc

fixé cette Majorité à vingt-cinq ans accompli. L'expérience n'a que trop fait
connoître combien une Majorité pré-
coce est préjudiciable à de jeunes gens,
peu capables de discerner ce qui leur est
avantageux, de ce qui leur paroît agréa-
ble. Entraînez par leurs passions, ils cou-
rent souvent avec précipitation à leur
ruïne, & ne se détrompent du mauvais
usage de leurs biens, que lorsqu'ils en
sentent plus vivement le besoin, en un
âge plus avancé, où ils se voyent dans la
misere. D'ailleurs, le lieu de la naissance
déterminant les qualitez personnelles,
un Pere de famille, qui est obligé pour
ses affaires, ou pour notre Service, de
changer de domicile, se trouve quelquefois avoir son fils aîné mineur, tandis
que son cadet est majeur, pour avoir
pris naissance en différens lieux, soumis
à des Coûtumes contraires les unes aux
autres ; ce qui cause des discussions dé-
sagréables dans les Familles, dont la
paix Nous est chere. Ces considerations
Nous portent à établir une Loy uniforme, qui fixe la Majorité des Enfans de
famille dans tous nos Etats, à un même âge, meur & convenable. A CES
CAUSES, & autres à ce Nous mouvans, la matiere mise en déliberation
en notre Conseil, de l'avis des Gens
d'iceluy, & de notre certaine Science,

pleine Puiſſance, & Autorité Souveraine, Nous avons par le préſent Edit,
perpetuel & irrévocable, révoqué,
éteint, & ſupprimé, révoquons, étei-
gnons, & ſupprimons toutes Loix,
Statuts, Uſages, & Coûtumes de nos
Etats, Pays, Terres & Seigneuries de
notre obéïſſance, qui fixent la Majorité, & réputent les Enfans de famille
majeurs avant l'âge de vingt-cinq ans :
Voulons & Nous plaît qu'à l'avenir aucun de nos Sujets ne ſoit Majeur, ny
réputé tel, s'il n'a vingt-cinq ans accomplis. Ne prétendons déroger à la Majorité qui ſe trouvera acquiſe ſuivant les
Coûtumes, au-deſſous de l'âge de vingt-
cinq ans, juſqu'au jour de la publication
du préſent Edit. Voulons que les Fils &
Filles mariez, quoy que mineurs de
vingt-cinq ans, ainſi que les Veufs & les
Veuves, ſoient réputez émancipez, &
jouïſſent de leurs droits. Pourront leſdits
Fils de famille mariez, Veufs & Veuves, & les Femmes mineures, de la licence & autorité de leurs Maris, eſter
en jugement, contracter, & faire tous
Actes légitimes, concernans l'adminiſtration de leurs biens, ſans que l'autorité
de leurs Peres & Meres, Tuteurs ou
Curateurs y ſoit requiſe. Ne pourront
néanmoins valablement aliéner, engager, ou hypotéquer leurs biens immeu-

bles, ou autres ſtipulez propres, avant
leur Majorité accomplie, s'ils n'obtiennent pour ce le conſentement de leurs
Peres & Meres, ou à défaut d'iceux, de
leurs Tuteurs ou Curateurs ; auquel dernier cas, ſeront tenus en outre, d'avoir
le conſentement de notre très-cher &
féal Procureur-Général, ou de ſes Subſtituts, de deux Parens paternels, & de
deux Parens maternels ; dérogeant à cet
effet à toutes Coûtumes, Loix & Ordonnances faiſans au contraire, leſquelles
Nous avons abrogées & abrogeons par
ces Préſentes. SI DONNONS EN
MANDEMENT à nos très-chers &
féaux les Préſidens, Conſeillers, & Gens
tenans notre Cour Souveraine de Lorraine & Barrois, Baillis, Lieutenans
Généraux, Particuliers, Conſeillers,
& Gens de nos Bailliages, Prévôts, &
à tous autres nos Officiers, Juſticiers,
Hommes & Sujets qu'il appartiendra,
que ces Préſentes ils faſſent lire, publier,
régiſtrer, & afficher par-tout où beſoin
ſera, & le contenu en icelles faire ſuivre,
garder & obſerver, ſans ſouffrir ny permettre qu'il y ſoit contrevenu directement ny indirectement : CAR AINSI
NOUS PLAÎT. En foy de quoy Nous
avons aux Préſentes ſignées de notre
main, & contreſignées par l'un de nos
Conſeillers, & Secretaires d'Etat, Com-

mandemens & Finances, fait mettre & appendre notre grand Scel. DONNÉ en notre bonne Ville de Nancy le huitiéme Mars dix-sept cens vingt-trois.

Signé, LEOPOLD. *Et plus bas*, Par Son Altesse Royale, S. M. LABBÉ. *Registrata*, TALLANGE.

LU, publié & régistré ; ouï & ce requerant le Procureur-Général de S. A. R. pour être suivi & exécuté selon sa forme & teneur ; ordonné qu'à la diligence dudit Procureur-Général, copies düement collationnées seront envoyées dans tous les Bailliages & autres Siéges ressortissans nüement en la Cour, pour y être pareillement lû, publié, régistré & exécuté. Enjoint aux Substituts du Procureur-Général sur les lieux, de tenir la main à l'exécution, & d'en certifier la Cour au mois. FAIT à Nancy, à l'Audience publique de la Cour Souveraine de Lorraine & Barrois, tenüe en Robes rouges, le Lundy 15 Mars 1723. présens Messieurs Cueullet & de Gondrecourt, Présidens au Mortier ; l'Abbé de Mahuet, Conseiller-Prélat ; de Nay, Parisot, Hurault, de Malvoisin, de Lombillon, Baudinet, Duboys de Riocourt, de Sarrazin, Henry de Pont, Virlet de Remicourt, Danburtin de Charly, Dupuy, Roilot, de Kiecler, Grandemange, de Nay de Richecourt, Cueullet de Villey, & Thomassin, Conseillers.

É D I T

D E

SON ALTESSE ROYALE,

Qui défend aux Fils & aux Filles de se marier sans le consentement de leurs Peres & Meres ; les Fils avant trente ans, & les Filles avant vingt-cinq ans accomplis.

Verifié en la Cour le 15 Mars 1723.

LEOPOLD, par la grace de Dieu, Duc de Lorraine, de Bar, & de Montferrat, Roi de Jerusalem, Marchis, Duc de Calabre & de Gueldres, Marquis de Pont-à-Mousson & de Nomeny, Comte de Provence, Vaudémont, Blamont, Zutphen, Sarwerden, Salm, Falkenstein, Prince Souverain d'Arches & Charléville, &c. A tous présens & à venir, SALUT. Le Duc Charles III. notre Trisayeul, ayant reconnu qu'il étoit d'une dangereuse conséquence de laisser aux Enfans de famille la liberté de se marier au gré de leurs desirs, & contre la volonté de leurs Peres & Meres, dans un âge où la foi-

blesse, souvent même une folle passion,
ne leur permettent pas de décider avec
prudence d'un engagement qui doit faire
le bonheur ou le malheur de leur vie ; fit
un Edit le douze Septembre quinze cens
soixante & douze, par lequel il obligea
les Enfans mâles jusqu'à trente ans, &
les Filles jusqu'à vingt-cinq, d'obtenir
le consentement de leurs Peres & Meres pour pouvoir contracter Mariage.
Cependant une disposition si sage ayant
été negligée dans la rédaction postérieu-
re de quelques Coûtumes de nos Etats,
qui ont laissé aux Enfans la liberté de se
marier à leur gré à l'âge de vingt ans,
en requerant seulement le consentement
de leurs Parens, sans necessité de l'obtenir ; Nous avons crû devoir réformer
un tel abus, qui est non seulement contraire au respect & à la soumission que
les Loix divines & humaines exigent
des Enfans envers leurs Peres & Meres ;
mais qui est encore nuisible à la paix &
à l'honneur des Familles, où des Mariages capricieux peuvent porter le trouble & la honte. En prenant soin de faire
respecter l'autorité paternelle, Nous
n'avons pas crû devoir aussi la porter
jusqu'à l'excès. Nous avons résolu d'o-
bliger les Enfans jusqu'à un âge meur, à
prendre leurs Parens pour guides sur un
choix aussi important que celuy d'une

Femme, ou d'un Mary ; en cela Nous mettons un frein neceſſaire à la fougue de la jeuneſſe : mais laiſſant enſuite aux Enfans, parvenus à un âge qui doit les faire préſumer raiſonnables, la liberté de ſe procurer un établiſſement que leurs Parens auront negligé, Nous ſubvenons au peu de naturel, ou à l'indolence de certains Peres & Meres, qui trop occupez d'eux-mêmes, ou de leurs intérêts, penſent peu quelquefois à l'avantage de leurs Enfans. A CES CAUSES, & autres à ce Nous mouvans, la matiere miſe en déliberation en notre Conſeil, de l'avis des Gens d'iceluy, & de notre certaine Science, pleine Puiſſance & Autorité Souveraine, Nous avons, par le préſent Edit perpetuel & irrévocable, dit, ſtatué & ordonné, diſons, ſtatuons & ordonnons, Voulons & Nous plaît,

ARTICLE PREMIER.

Que l'Ordonnance du 12 Septembre 1572 ſoit exécutée ; ce faiſant, que les Enfans de famille ne puiſſent contracter Mariage ſans le conſentement de leurs Peres & Meres, ſoit que leſdits Peres ou Meres ayent paſſé en ſecondes Nôces, ou non.

II.

II.

Si lesdits Enfans contractent Mariage sans ledit consentement, ils pourront être exhérédez.

III.

Les déclarons indignes & incapables de tous profits, avantages, donations à cause de Nôces, & douaires qu'ils pourroient avoir stipulez par les Contracts de tels Mariages, ou qui sont attribuez par les Coûtumes aux personnes mariées.

IV.

Les Entremetteurs de tels Mariages, & ceux qui y assisteront sciemment, contre l'intention des Peres & Meres, de quelle qualité & condition qu'ils soient, seront punis d'une amende arbitraire, jusqu'à concurrence du tiers de leur bien; même de punition corporelle contre les Roturiers, selon les circonstances du fait.

V.

Néanmoins, les Fils dont l'âge excédera trente ans, & les Filles vingt-cinq, qui contracteront Mariage sans le consentement exprès de leurs Peres & Meres, & ceux qui les assisteront, seront exempts des peines susdites, pourvû que les Enfans ayent requis par écrit ledit consentement de leurs Peres & Meres.

Dd

V I.

Ce confentement fera requis par Sommation refpectueufe, faite aux Peres & Meres, par le miniftere d'un Tabellion affifté de deux Témoins, ou par le miniftere de deux Notaires.

V I I.

Les Enfans qui feront en Tutelle ou Curatelle d'autres que de leurs Peres & Meres, ou de leurs Afcendans, ne pourront auffi fe marier avant l'âge accompli de vingt-cinq ans, fans l'exprès confentement de leurs Tuteurs ou Curateurs, & de deux de leurs plus proches Parens paternels, & autant de maternels, à peine de confifcation de leurs biens.

V I I I.

Seront auffi les Entremetteurs des Mariages de tels Mineurs au-deffous dudit âge de vingt-cinq ans accomplis, fujets aux peines portées en l'Article IV.

I X.

Dérogeons à tous Edits, Ordonnances, Us & Coûtumes faifant au contraire des Préfentes.

SI DONNONS EN MANDEMENT à nos très-chers & féaux les Préfidens, Confeillers, & Gens tenans notre Cour Souveraine de Lorraine & Barrois,

Baillis, Lieutenans Généraux, Conseillers, & Gens de nos Bailliages,
Prévôts, Mayeurs, & à tous autres
nos Officiers, Justiciers, Hommes &
Sujets qu'il appartiendra, que ces Présentes ils fassent lire, publier, régistrer
& afficher par-tout où besoin sera, pour
être suivies & exécutées selon leur forme & teneur, sans permettre qu'il y soit
contrevenu directement, ny indirectement : CAR AINSI NOUS PLAÎT.
Et afin que ce soit chose ferme & stable
à toujours, Nous avons aux Présentes
signées de notre main, & contresignées
par l'un de nos Conseillers & Secretaires
d'Etat, Commandemens & Finances,
fait mettre & appendre notre grand
Scel. DONNÉ à Nancy le huit Mars
mil sept cent vingt-trois.

Signé, LEOPOLD. *Et plus bas*, Par
Son Altesse Royale, S. M. LABBÉ.
Regiſtrata, TALLANGE.

LU, *publié & régiſtré, ouï & ce reque-*
rant le Procureur-Général de S. A. R.
pour être suivi & exécuté selon sa forme &
teneur ; ordonné qu'à la diligence dudit
Procureur-Général, copies dûement colla-
tionnées seront envoyées dans tous les
Bailliages, & autres Siéges ressortissans
nûement en la Cour, pour y être pareille-

ment lû, publié, régistré & exécuté. Enjoint aux Subſtituts du Procureur-Général
ſur les lieux, de tenir la main à l'exécution, & d'en certifier la Cour au mois.
FAIT à Nancy en l'Audience publique de
la Cour Souveraine de Lorraine & Barrois,
tenuë en Robes rouges, le Lundy quinziéme
Mars 1723. préſens Meſſieurs Cueullet,
& de Gondrecourt, Préſidens au Mortier;
l'Abbé de Mahuet, Conſeiller-Prélat; de
Nay, Pariſot, Hurault, de Malvoiſin,
de Lombillon, Baudinet, Duboys de Riocourt, de Sarrazin, Henry de Pont, Viriet
de Remicourt, Daubartin de Charly, Dupuy, Roilot, de Kiecler, Grandemange,
de Nay de Richecourt, Cueullet de Villey,
& Thomaſſin, Conſeillers.

TABLE
DES TITRES
DES COUTUMES
ANCIENNES ET NOUVELLES.

Dd iiij

TABLE.

TABLE.

TABLE DES STILES

De Procédures d'Aſſiſes & de Juſtice.

TABLE.

TABLE.

Du Réglement & Taxe des honoraires, vacations, salaires & journées.

LE Procès-verbal intitulé les États, contenant les noms & surnoms des Sieurs du Clergé & de la Noblesse, qui se sont trouvez avec les Députez du tiers Etat des Duchez de Lorraine & de Bar, en l'Etat général convoqué à Nancy le premier jour de Mars 1584. Lecture desdites Coûtumes, communication d'icelles à SON ALTESSE,

TABLE.

✖✖✖✖✖✖✖✖✖✖✖✖✖✖✖✖✖✖✖

TABLE
DES
NOUVELLES DISPOSITIONS,

En interprétation de la Coûtume de Lorraine, depuis le regne de S. A. R. LEOPOLD I.

TABLE.

Fin de la Table.

On trouve chez le même Libraire

LEs Arrêts choisis de la Cour Souveraine de Lorraine & Barrois, contenant plusieurs Réglemens & Décisions notables, avec quelques Actes publics, concernans les Duchez de Lorraine & de Bar. In-4°. 2 vol.

L'Ordonnance de S. A. R. pour l'Administration de la Justice. Donnée à Lunéville au mois de Novembre 1707. Nouvelle Edition, revuë, corrigée, & considérablement augmentée. In-8°.

Recueil des Edits, Déclarations & Ordonnances rendues sous le Régne de LEOPOLD I. In-4°. 4 vol.

Coûtumes du Bailliage de Saint Mihiel, avec les Ordonnances faites sur le Style & Réglement de la Justice au Siége dudit Bailliage, & aux Inférieurs y ressortissans. In-12.

Dissertation sur le Titre X. des Coûtumes générales anciennes & nouvelles du Duché de Lorraine. *Des Donations entre-vifs, simples, mutuelles, & à cause de Noces.* In-8°.

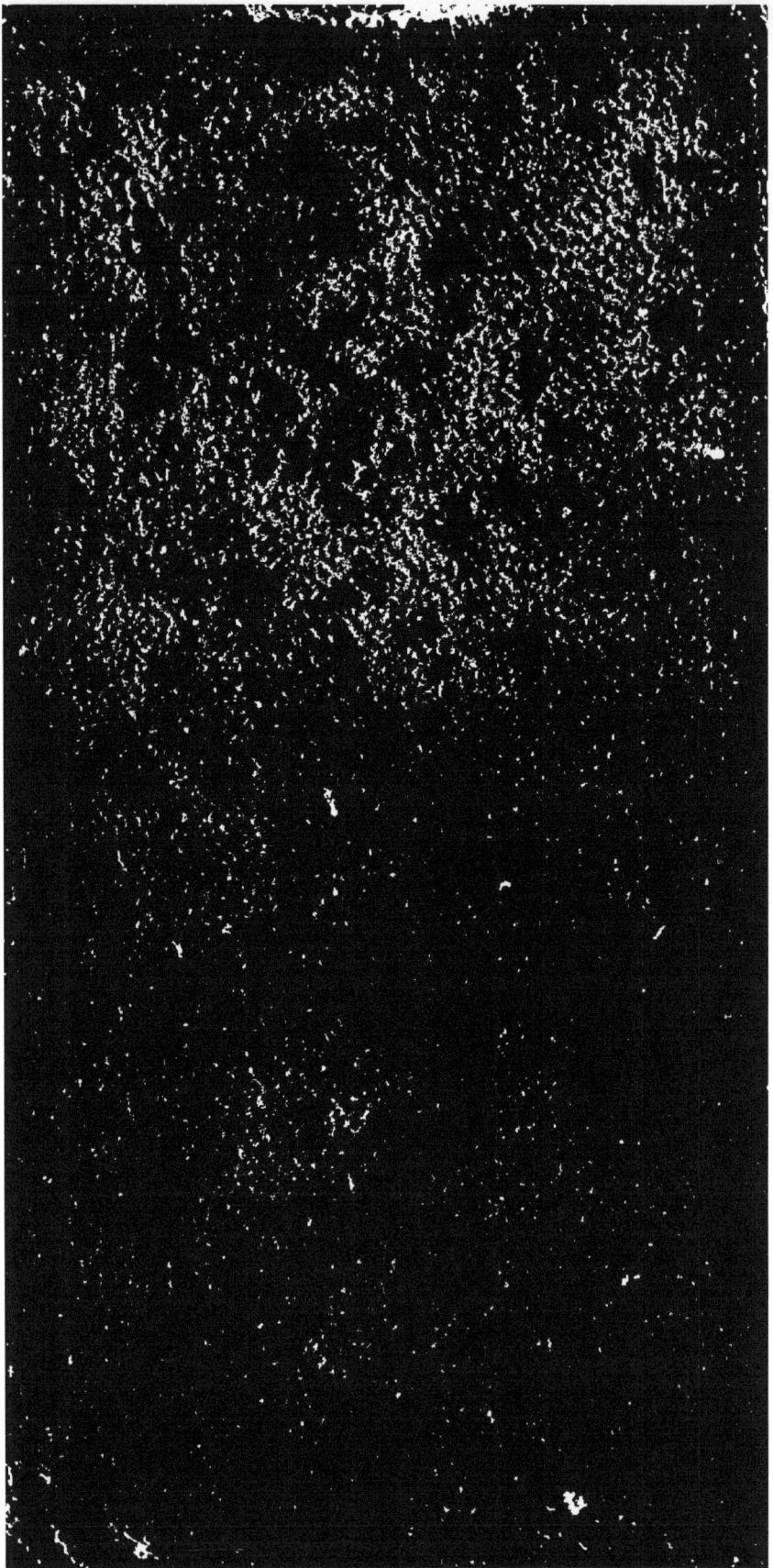